# DEVENIR UN MEILLEUR ENTREPRENEUR

## 30 réflexions pour aiguiser vos réflexes d'affaires

Alexandre Vézina

Copyright © 2022 Alexandre Vézina

Du même auteur:
Enfin les vraies affaires, Tome I (2016)
Enfin les vraies affaires, Tome II (2017)
Enfin les vraies affaires, Tome III (2018)
Tout simplement (coauteur) (2018)
Deux-par-quatre – Arrête de niaiser si tu veux réussir en business (2018)
Enfin les vraies affaires, L'intégrale (2019)
C'est de TA faute (2019)
Évolution (2020)
MARQUÉS AU FER ROUGE (2021)
Two-by-Four, Stop Messing Around and Achieve Business Success (2022)

Photo de l'auteur: Karine Lévesque de Sens Image

ISBN 978-2-9821233-1-1
Tous droits réservés pour tous pays
© 2022 Alexandre Vézina
Dépôt légal - 4e trimestre 2022
Bibliothèque et Archives Canada
Bibliothèque et Archives nationales du Québec

Il est interdit de reproduire cet ouvrage en totalité ou en partie, sous quelque forme et par quelque procédé que ce soit, sans l'autorisation écrite préalable de l'éditeur, conformément aux dispositions de la Loi sur le droit d'auteur.

# INTRODUCTION

**D**epuis 2015, j'ai rédigé plusieurs centaines de textes d'infolettre et d'articles de blogue en plus d'avoir publié 8 livres. J'ai choisi 30 de ces textes que j'ai adaptés pour en faire ce recueil.

Je crois sincèrement que dans le contexte entrepreneurial actuel, les réflexions suscitées pas ces textes sont des incontournables pour faire de vous un/une meilleur(e) entrepreneur(e).

Ma promesse est la suivante, vous trouverez au gré de votre lecture AU MOINS UNE CHOSE qui vous aidera à améliorer votre situation d'affaires. Si c'est n'est pas le cas, contactez-moi directement.

Bon succès.

Alexandre Vézina
Novembre 2022

# AUCUNE EXCUSE

Outre le fait que la pandémie a touché tout le monde à des niveaux différents, elle nous a surtout emmitouflés dans de nouveaux comportements qui nous ont rendus lâches. Vous avez bien lu : lâches.

On en a oublié nos repères. Et c'est le noyau du problème. Parce que c'est maintenant que ça se joue.

Nous sommes notre pire ennemi, ne l'oublions pas. Nos attitudes et nos comportements peuvent en témoigner.

On a tous nos passages à vide, c'est normal. C'est pour cette raison que nous avons tous besoin d'un rappel de temps en temps.

La discipline est l'un des grands enjeux en affaires.

On doit renforcer notre *mindset* entrepreneurial pour retrouver notre rigueur. On doit avoir le couteau entre les dents pour affronter l'adversité du monde des affaires.

Vous ne pourrez pas vendre si vous n'avez pas une attitude de vendeur, non? Ça veut dire être convaincu, convaincant et surtout, discipliné.

Il faut donc revenir à la base et se doter d'une meilleure hygiène de vie, prendre soin de soi, se recréer une routine bien ancrée pour donner notre 100 %. Sans brûler la chandelle par les deux bouts.

Retrouver une discipline de fer est essentiel pour nous permettre de prendre les bonnes décisions et de poser les bons gestes.

Quels sont les changements que vous devez apporter immédiatement pour recadrer et améliorer votre attitude?

Les comportements de nos clients évoluent, l'environnement change, le contexte aussi… et très rapidement.

On a tendance à l'oublier, mais ça nécessite un recadrage constant de notre entreprise. Pas en engageant plus d'employés, pas travaillant plus, mais en faisant évoluer notre modèle d'affaires. Ce n'est pas une question de croissance à tout prix; c'est une question d'adaptation et surtout, d'évolution.

<u>Comment?</u>

- En travaillant votre efficience.
- En automatisant ce qui peut l'être.
- En réorganisant les rôles et les responsabilités des membres de votre équipe.
- En revoyant votre structure de coûts.
- En augmentant vos prix.
- En resserrant les suivis de vos comptes clients.
- En structurant un nouveau processus par semaine.
- En diversifiant vos sources de revenus et vos affaires (marché, offre, investissement).
- En continuant de faire des démarches de développement des affaires, que vous soyez débordés ou non.
- En signant un nouveau partenariat.
- En développant de nouveaux produits/services.
- En retournant *luncher* et réseauter!
- Etc.

Quels sont les gestes que vous poserez dès maintenant pour faire évoluer votre entreprise?

Utilisez la stratégie du scalpel : identifier trois gestes qui feront la différence pour vos trois prochains mois. Faites votre plan d'action, et *go*!

*Stay focused*! Restons disciplinés. Sans nous brûler.

# AVEZ-VOUS LE BON PROFIL D'ENTREPRENEUR?

Au début de ma carrière, j'accompagnais des promoteurs dans leurs démarches de prédémarrage et dans le démarrage de leur entreprise. J'avais une idée précise du profil idéal d'un entrepreneur. Je dois avouer que les médias et les histoires à succès de grands entrepreneurs (à la Steve Jobs) avaient teinté ma vision de ce qu'est ou n'est pas potentiellement un bon entrepreneur.

Je faisais passer des tests aux nouveaux entrepreneurs pour découvrir leur profil entrepreneurial. J'avais le jugement facile jusqu'à ce que je rencontre Carl en 2008.

Sur papier, il n'avait aucun potentiel entrepreneurial (selon moi, bien sûr). C'était un soudeur qui aimait souder, un artisan introverti, discret et perfectionniste. Six ans plus tard, il était à la tête d'une entreprise de plus de 30 employés dont la valeur marchande dépassait les 6 millions de dollars. Une entreprise qu'il a vendue avec succès.

J'ai cherché à comprendre la raison de son succès.

C'était pourtant si simple.

Il avait misé sur ses talents et il avait développé son entreprise en ajustant son modèle d'affaires à sa propre personnalité. Il avait signé une entente avec son plus gros client sur plusieurs années assurant une récurrence de revenus importante. Il avait engagé graduellement des collaborateurs meilleurs que lui à tous les niveaux (ventes, marketing, opérations, comptabilité, gestion, etc.) pour venir combler ses lacunes. Bref, il avait usé d'une excellente intelligence d'affaires.

Présentement, bon nombre d'entreprises multiplient les initiatives pour garder leurs employés et font tout pour leur plaire. Des PME changent même de nom pour que leurs employés se sentent investis! L'entrepreneur devient ainsi un caméléon malgré lui et s'adapte à ses employés. Alors que ce devrait toujours être l'inverse. À l'époque, Carl l'avait compris. Il avait incité ses employés à adhérer à sa vision d'affaires et surtout, à sa personnalité d'entrepreneur.

Je reviens toujours sur l'histoire de Carl pour expliquer aux entrepreneurs, à la barre d'une entreprise de moins de 20 employés, qu'ils doivent absolument miser sur les zones d'excellence de leur profil de personnalité et bâtir une entreprise en cohérence avec eux-mêmes.

Comme entrepreneur, il ne faut pas chercher à être comme les entrepreneurs « à succès ». Ne tombez pas dans le piège de vous sentir « poche » en écoutant les Dragons ou en feuilletant le journal Les Affaires. Il faut chercher comme entrepreneur à définir notre propre définition du succès, sans chercher à utiliser les paramètres des autres. Sans chercher à impressionner les autres.

La seule chose qui importe, c'est d'évoluer comme entrepreneur et de faire évoluer votre entreprise selon VOTRE vision et VOS objectifs, et non ceux des gens qui vous entourent ou de la société.

C'est pour cette raison que lorsqu'on fait passer des profils de personnalité aux entrepreneurs, il faut le faire sans jugement, tout en cherchant à comprendre. Il faut interpréter les résultats en fonction du genre d'entrepreneur qu'ils sont, et non en fonction de ce qu'ils devraient être.

Vous devez toujours miser sur vos talents et être créatif pour faire autrement avec vos limites. C'est un élément de distinction majeur. Personne ne peut réellement copier votre personnalité d'entrepreneur. Autrement, ça sonne faux.

Restez vous-même.

Quelle est votre définition du succès comme entrepreneur?

Comment mesurez-vous votre succès?

# LE GHOSTING : LE NOUVEAU FLÉAU EN AFFAIRES

C'était auparavant l'exception. C'est maintenant une tendance lourde.

Depuis quelques années, je m'aperçois qu'une habitude insidieuse s'installe parmi plusieurs entrepreneurs. Ce sujet me tient particulièrement à cœur. Mireille, une entrepreneure en colère, a abordé la question de front avec moi lors d'un échange individuel.

Mireille avait reçu en février dernier un courriel de *mass mailing* de la part de sa comptable pour lui demander de confirmer dans les 10 prochains jours ouvrables le mandat de déclarations de revenus pour l'année 2020. Ladite comptable voulait « planifier sa saison des impôts ». Le courriel exerçait une pression supplémentaire : les documents fiscaux devaient être acheminés le plus rapidement possible, à la fin du mois.

Or, avec le flot de courriels que l'on reçoit comme entrepreneur, celui-ci était tombé dans le dossier « Promotion » de sa boîte Gmail. Bref, ce courriel dépersonnalisé n'a pas été visible très longtemps dans sa boîte de réception.

À la mi-avril, l'entrepreneure envoie à sa comptable tous les documents nécessaires, comme elle a l'habitude de le faire depuis plusieurs années, tout en s'excusant des délais pour la transmission des documents.

Silence radio. Les jours passent… Aucun retour de la part de la comptable.

Au bout du fil, Mireille était révoltée.

« Je suis fâchée! J'ai pris la peine il y a quelques années de laisser mon ancien comptable, qui était très compétent, pour faire affaire avec elle. Je lui ai payé un lunch d'affaires parce qu'elle m'a mis en relation avec un client potentiel. On est même amies sur Facebook! Et elle ne daigne même pas me répondre. La moindre des choses, ç'aurait été de décliner poliment et je n'aurais pas attendu pendant 10 jours. Qu'est-ce que j'ai, moi, à me reprocher? Parce que je n'ai pas répondu à son courriel dépersonnalisé dans ses délais à *elle*? Il faut que tu parles de ça, Alexandre! »

Mireille a raison d'être en colère. De plus en plus de gens, qui se disent professionnels, font du *ghosting*.

« *Le* ghosting *est l'acte qui consiste à mettre fin à une relation avec une personne en interrompant sans avertissement ni explication toute communication et en ignorant les tentatives de reprise de contact de l'ancien partenaire.* » Wikipédia

<u>Ceux qui pratiquent le *ghosting*, parfois à leur insu, ont tendance à agir comme suit :</u>

- Ils ne répondent pas aux messages personnalisés (courriel, Facebook, LinkedIn) qu'ils reçoivent (je ne parle pas des messages de vente sous pression d'un inconnu);

- Ils ne retournent pas leurs appels de ceux qui leur laissent des messages vocaux;

- Ils ne respectent pas leurs engagements;

- Ils ne se présentent pas aux réunions virtuelles qu'ils ont acceptées;

- Ils ne se présentent pas aux formations auxquelles ils sont inscrits (parlez-en aux chambres de commerce et vous réaliserez que c'est hallucinant…);

- Ils brillent par leur absence au restaurant alors qu'ils avaient réservé (les *no-show* alors que les places sont ultra-limitées font suer les restaurateurs actuellement);

- Ils *chokent* pour des engagements personnels sans avertissement;
- Etc.

L'entrepreneur Mitch Garber, un homme probablement très occupé, répond personnellement à ses *tweets* rapidement, même si on l'attaque! Je suis convaincu que Mitch Garber doit avoir le cran de décliner une proposition d'affaires avec classe, sans *ghoster*.

Nous sommes dans une ère de connectivité et de communication. Pourtant, je n'ai jamais vu autant de gens se défiler.

Acheter du temps en ne répondant pas et en espérant que son interlocuteur « oublie » de le relancer peut devenir un enjeu réputationnel sérieux pour un entrepreneur.

Utiliser ce type d'approche est lâche.

Laisser une conversation en suspens est amateur. Surtout si vous avez déjà échangé avec votre interlocuteur. C'est une forme de fuite des fondements du professionnalisme et des bases de civilité.

<u>Si l'on vous parle ou que l'on vous écrit, vous devriez au minimum répondre, quitte à dire :</u>

- *Je n'ai pas le temps actuellement.*
- *Relance-moi dans trois mois.*
- *Peut-on planifier cet entretien dans un mois?*
- *J'ai d'autres priorités.*
- *Je suis déjà bien servi.*
- *Je ne suis pas intéressé.*
- *Je suis désorganisé et tout va trop vite pour moi…*
- *C'est ici que nos routes se séparent.*
- *Non, merci.*

Ça prend 30 secondes à faire!

Je suis conscient que ce n'est pas tout le monde qui le fait exprès et que certains sont réellement en surcharge. J'ai en tête à ce propos certains de mes clients qui gèrent des entreprises manufacturières. Mais une surcharge doit être temporaire et vous devez dégager des ressources pour mieux vous organiser.

Soyez conscient des risques communicationnels et réputationnels que vous encourez à ne pas répondre dans un délai raisonnable aux demandes reçues. Vous risquez de perdre des clients, des partenaires, des fournisseurs, des employés. Et même des bailleurs de fonds potentiels. Ça donne matière à réfléchir, non?

Et le *ghosting* comme dernier recours? Seulement si un individu vous harcèle sans arrêt ou que vous êtes pris à dialoguer avec un complotiste illuminé. Sinon, c'est inacceptable de *ghoster*.

Il en va de votre réputation comme entrepreneur.

# LE NOUVEAU VIRUS VIRTUEL

En continuité du dernier chapitre, j'aimerais récidiver dans la même veine en traitant d'un autre comportement toxique qui s'est amplifié dans les dernières années : la présence-absence virtuelle.

Il y a quelques mois, j'étais en réunion virtuelle avec mon associé Michel Ross, de la Clinique d'accompagnement entrepreneurial, lorsque je l'ai interrompu dans son élan. Il fallait absolument que je lui parle du message qui venait d'atterrir dans ma boîte courriel.

Je me suis rapidement mis à rire jaune, tout en m'excusant de ma conduite.

Vous auriez dû voir le visage de Michel… Ceux qui le connaissent n'ont aucun mal à imaginer sa réaction. Je l'avais interrompu pour lui parler d'une information beaucoup moins importante que notre conversation en cours. Je ne l'écoutais pas, point. Et il n'a pas apprécié.

J'ai réalisé à ce moment que j'étais distrait par tout ce qui était ouvert sur mon ordinateur alors que j'étais en rencontre virtuelle avec lui…

… et que je me comportais également ainsi avec nos employés!

Jamais avec des partenaires ou des clients.

Pas fort, non?

Depuis que la pandémie de la Covid-19 a frappé et que les réunions virtuelles sont devenues une mode bien ancrée dans nos Google Agenda, plusieurs d'entre vous ont probablement agi de la même façon sans trop y porter attention.

Régulièrement, en réunion avec des clients ou des partenaires, je cesse de parler lorsque je les vois faire autre chose. Mes interlocuteurs me regardent alors avec incompréhension, des points d'interrogation dans le visage. Je leur mentionne qu'ils ne sont pas avec moi, qu'ils sont absents de notre conversation.

Ne devrait-on pas se concentrer exclusivement sur l'individu en face de nous? Pourquoi sommes-nous incapables de garder le focus sur une conversation?

C'est un peu comme lorsqu'on est en discussion avec un client et que l'on répond en même temps à un message texte ou à un appel. Ça ne se fait pas!

Ce n'est pas du multitâche, c'est un manque flagrant de savoir-vivre. Ce n'est pas professionnel. C'est AMATEUR.

Le problème, c'est que nous sommes obsédés par la prochaine tâche à accomplir, au lieu d'être concentrés sur celle du moment présent. Et parfois, cette supposée prochaine tâche, c'est du divertissement non prioritaire – la dernière publication de la cousine Julie sur Facebook racontant sa fin de semaine « extraordinaire » au chalet ou le soudain plaidoyer de Jérôme sur la marque employeur sur LinkedIn – alors que l'on a une *business* à faire croître.

À quoi pensez-vous? Pourquoi n'êtes-vous pas concentré sur la tâche que vous êtes en train d'accomplir?

Ne me lancez pas de tomates tout de suite… Je plaide coupable!

Si ça ne vous intéresse pas ce que raconte votre interlocuteur, coupez court poliment à la conversation au lieu d'agir de la sorte. Autrement, soyez présent.

J'appelle ce fléau la *présence-absence virtuelle*. C'est être « *on and off* » en même temps. Essayez-le avec votre téléphone : « *on* » et « *off* », ça ne marche pas!

Ce comportement est toxique pour le développement et l'entretien de vos relations d'affaires. C'est néfaste pour votre réputation comme entrepreneur.

Comment vous sentez-vous lorsque votre interlocuteur ne vous écoute pas?

Alors, évitez de faire de même.

Et dernier point : quand vous êtes en rencontre, il ne suffit pas d'écouter. Regardez votre interlocuteur dans les yeux. C'est l'ingrédient de base pour bâtir une relation de confiance en affaires.

# LE LEURRE ENTREPRENEURIAL

**M**ise en garde : ne lisez surtout pas ce texte si vous ne désirez pas altérer votre vision idéaliste de certains entrepreneurs « à succès ».

Ne vous méprenez pas, je ne suis pas jaloux du succès des autres, loin de là. C'est ce que j'encourage constamment. Il y a cependant des situations que je considère comme inacceptables étant donné qu'elles heurtent de plein fouet mes valeurs personnelles, dont la transparence.

Question de valider mon propre point de vue sur la transparence, j'ai posé la question suivante à cinq proches collaborateurs :

*Considères-tu qu'il soit acceptable de mentir délibérément pour décrocher des contrats ou gagner des concours?*

Vous risquez de répondre comme tous les autres : *bien sûr que non, c'est frauduleux et inacceptable…*

J'ai ensuite nommé trois entrepreneurs « à succès », en citant des exemples tirés de conférences qu'ils ont données à des milliers d'entrepreneurs du Québec… Mes collaborateurs ont été outrés parce qu'ils n'avaient effectivement pas vu la situation de cette manière.

Et pourtant, combien de fois avez-vous entendu des entrepreneurs, bien en vue et médiatisés à outrance, raconter leur histoire en mentionnant qu'ils ont été audacieux parce qu'ils ont fait semblant d'avoir l'air plus gros pour leurrer des clients potentiels?

Avec un bon *storytelling*, ils nous font croire que c'était correct de le faire et que ça fait partie de leur succès… parce que leur entreprise a vraiment décollé à partir de ce moment.

La fin justifie-t-elle réellement les moyens dans toutes les circonstances?

*Inacceptable.*

Berner et endormir les autres avec une histoire bien enrobée, avec un bel emballage et un chou, reste du leurre.

Je m'amuse parfois à dire que de la merde dans un beau sac-cadeau reste quand même de la merde.

Il est inacceptable de recommander à un autre entrepreneur de mentir délibérément à des gens pour décrocher des contrats. Ça s'appelle du LEURRE entrepreneurial.

Un leurre, c'est lorsqu'on cherche à tromper délibérément, à abuser de la confiance d'un autre pour parvenir à ses fins. Le fameux *fake it until you make it.*

La société ne devrait pas valoriser ce type de comportement d'amateur.

<u>Voici quelques exemples de leurre entrepreneurial à éviter absolument :</u>

- Un consultant qui se patente une expertise bidon (qu'il ne possède pas) juste parce que ça a l'air payant et qu'il y a une vague d'intérêt à court terme. Pensez ici à tous les pseudo-experts qui n'ont aucune expérience qui deviennent des experts instantanés sur les médias sociaux, en gestion de crise.

- Un entrepreneur qui invente l'organigramme de son entreprise avec des VP finances et VP opérations, en ajoutant des amis et des membres de sa famille alors qu'il n'a aucun employé… et qui gagne un concours par cet acte frauduleux. Même en le faisant naïvement, ça reste un leurre.

- Un nouvel entrepreneur qui change sa voix lorsqu'il répond au téléphone pour faire semblant qu'il a un adjoint administratif afin de décrocher des contrats plus importants avec de grandes entreprises qui ne travailleraient pas avec lui autrement. Le contrat repose donc sur un mensonge. Pensez-y quelques instants…

- Un individu qui mentionne posséder deux usines qui fabriquent ses produits alors que ce sont des sous-traitants et que l'entrepreneur ne prend aucun risque financier. C'est une question de modèle d'affaires. Ne venez pas me dire que ce sont VOS usines…

- Un entrepreneur qui mentionne qu'il a 10 employés alors qu'en réalité, il n'en a aucun, car ce sont tous des travailleurs autonomes ou des pigistes indépendants. Dire qu'il a une équipe de collaborateurs : parfait. Dire que ce sont SES employés : leurre.

- Ceux qui s'inventent des prix et se les décernent entre eux sur les médias sociaux pour gagner en crédibilité instantanée. *Best coach of the year sur LinkedIn*, alors que c'est son ami, qui ne travaille pas pour LinkedIn, qui l'a nommé ainsi dans une de ses publications. C'est de la fausse représentation et encore une fois, du leurre.

- Des Dragons qui sont à la télévision et se font prêter l'argent nécessaire pour être devant les caméras parce qu'ils n'ont pas les liquidités pour y être avec leurs propres moyens.

Ceux qui réussissent vraiment sont rarement ceux qui cherchent à « flasher » et à être constamment sous les projecteurs.

De grâce, soyez sceptique et critique.

Surtout envers ceux qui sont sur des piédestaux. Repensez à tous les Dragons déchus… changez de lunettes si vous idolâtrez trop certains entrepreneurs à « succès ».

# ES-TU PRÊT À VIVRE
# DE L'INQUIÉTUDE?

On valorise beaucoup l'entrepreneuriat et le fait de se lancer en affaires, mais il est important de préciser que ce n'est malheureusement pas fait pour tout le monde.

Retour en arrière.

Je me souviens d'une discussion que j'avais eue avec Frédéric Bonin, un collègue du Centre Formation Affaires de Saint-Anselme dans la MRC de Bellechasse, au début des années 2010. Nous avions alors un nombre impressionnant de candidats qui souhaitaient démarrer leur entreprise en profitant de la mesure Soutien au travail autonome (STA).

La STA est une mesure gouvernementale qui permet à une personne au chômage de démarrer son entreprise, de gagner des revenus avec ses affaires, sans voir ses prestations diminuer. En gros, elle permet d'être payé pour devenir entrepreneur en respectant, bien sûr, plusieurs conditions.

À l'époque, les efforts collectifs et concertés de tous les acteurs de développement économique de la région (CLD, SADC, chambre de commerce, CFP, Services Québec, etc.) dans la valorisation de l'entrepreneuriat avaient porté fruit. Pourtant, Frédéric et moi ressentions un certain inconfort à encourager plusieurs candidats à devenir entrepreneurs, sachant très bien qu'ils n'avaient aucune idée de la réalité entrepreneuriale.

C'est à partir de ce moment que je me suis mis à poser la question suivante dès mes premiers échanges avec les aspirants entrepreneurs : *Es-tu conscient des vrais risques associés à la carrière d'entrepreneur?*

Comme entrepreneur, il est essentiel de se poser cette question à chaque étape du développement de ses affaires. Pas juste avant de faire le saut. Avant et pendant. Parce qu'être entrepreneur, c'est loin d'être toujours rose. Oubliez l'image parfaite circulant sur les médias sociaux, avec les trois Tesla devant le château. Être entrepreneur, c'est dur. Et beaucoup plus que ce que les gens peuvent croire.

On parle beaucoup de la santé mentale des entrepreneurs dernièrement, mais il faut se rappeler que c'est normal de vivre du stress comme entrepreneur. Ça fait partie du jeu.

L'entrepreneur n'est pas un lion, un serpent ou un caméléon. Non. L'entrepreneur est un écureuil.

Être à son compte, c'est être un peu comme ce petit rongeur qui ne tient pas en place et qui guette le moindre risque fatal dans son environnement. Il fait des réserves pour l'hiver, change de trajectoire sans arrêt, reste en mouvement pour éviter d'être une cible trop facile et surtout, il reste aux aguets face à tout. TOUT LE TEMPS. Rien n'est acquis. RIEN. JAMAIS.

Voici quelques exemples de situations stressantes en rafale :

- Un huissier de justice qui cogne à votre porte un samedi matin;
- Un avis de cotisation du gouvernement reçu parce que vous avez négligé de remplir un formulaire;
- Le lancement d'un nouveau produit/service;
- Le développement d'un nouveau marché;
- Les comptes clients qui augmentent drastiquement;
- Un client qui étire le paiement de ses factures;
- La marge de crédit qui fond à vue d'œil;
- L'illusion de l'augmentation des ventes vs les liquidités dans le compte bancaire;
- Une perte historique après une année record;
- Réinjecter de l'argent pour payer les employés;

- Cesser de se verser un salaire pour conserver tous ses employés;
- Réhypothéquer sa maison pour survivre quelque mois de plus;
- Un investissement majeur sans garantie de revenu;
- L'ouverture d'un nouveau point de vente dans un centre d'achat;
- Un changement de modèle d'affaires;
- L'implantation d'une nouvelle technologie;
- Le manque de ressources humaines;
- Un employé qui quitte sans avertissement;
- Une tâche déléguée qui ne se fait pas;
- Un partenaire qui ne respecte pas ses engagements;
- Une gestion de crise médiatique;
- L'augmentation des délais de livraison de sa matière première;
- Une panne d'électricité qui immobilise tout le bureau;
- Un piratage informatique;
- Un client insatisfait qui tient des propos diffamatoires;
- Une poursuite au civil devant les tribunaux;
- Une plainte pour harcèlement au travail;
- Le vol de votre téléphone cellulaire dans un restaurant,
- Etc.

Il y a des situations que l'on peut prévoir en y réfléchissant, et d'autres qui sortent du champ gauche, sans avertissement préalable.

Quotidiennement, nous vivons des hauts et des bas. Durant les premières années en affaires, ou lorsque nous les vivons pour la première fois, nous avons parfois tendance à exagérer la gravité des situations négatives. L'anticipation et l'appréhension se dissipent quand l'entrepreneur prend son élan…

C'est dangereux de laisser tomber notre vigilance. La clé, c'est de conserver cet état d'inquiétude et de stress pour éviter de se reposer sur ses lauriers, sans toutefois tomber dans les problèmes d'anxiété.

C'est une question d'équilibre.

Cet équilibre est nécessaire et vous en êtes responsable. Personnellement, je lis des romans policiers et je joue de la guitare pour conserver cet équilibre délicat. D'autres préfèrent *gamer* ou dévaliser les magasins! À chacun sa recette.

Vous devez trouver des points d'ancrage qui vous permettent de sortir temporairement de cet état pour éviter de vivre de l'anxiété. Ensuite, vous replongez dans vos affaires. C'est pour cette raison que j'ai rédigé un chapitre sur les points de repère dans mon livre ÉVOLUTION.

La vérité, c'est que plusieurs entrepreneurs ont besoin d'être déstabilisés régulièrement pour se sentir vivants et performants. Il faut donc chercher à nourrir le côté positif et motivateur au fait d'avoir le couteau entre les dents. Par exemple, si vous observez une baisse de revenus et que vous êtes affamé, c'est bon signe. Ne pas l'être devrait vous inquiéter.

Il faut être prêt à vivre avec cette inquiétude perpétuelle pour réussir. Comme un écureuil qui lutte constamment pour sa survie.

# C'EST LE TEMPS
# DE CHANGER

**M**arcel Fortier de MD2i m'a rappelé, suite à la lecture de mon livre Évolution, que j'avais anticipé plusieurs des changements qui se sont opérés, entre autres, depuis le début de 2020. Ça m'a remémoré des exemples de changements de modèles d'affaires que je donnais dans certaines de mes conférences… en 2014…

À l'époque, tout comme aujourd'hui d'ailleurs, je suggérais aux entrepreneurs d'opter pour un modèle d'affaires bâti sur la récurrence des revenus ainsi que sur une formule d'abonnement payable annuellement ou mensuellement par facturation préautorisée.

La vraie valeur d'une entreprise repose sur la qualité de sa clientèle et la prévisibilité de ses revenus, pandémie ou non. N'est-ce pas?

Nous avons pu le constater depuis le début de la pandémie, pendant et après le confinement du printemps dernier.

Ceux qui s'en sortent le mieux sont les entrepreneurs qui ont rapidement basculé de la réactivité à la proactivité ET/OU ceux dont le modèle d'affaires était déjà en adéquation avec le principe des abonnements annuels.

Pour les années à venir, je vous mets au défi de réfléchir à la façon dont vous pourriez créer un modèle de transition vers une nouvelle formule de récurrence de revenus.

Ne venez pas me dire que vous ne pouvez pas le faire. Je l'ai suggéré et intégré dans plusieurs types d'entreprises. Avec des électriciens, des consultants, des restaurateurs, des firmes de graphistes, des commerces de détail de toutes sortes, des entreprises touristiques, des réparateurs de fournaises des comptables, des bureaux d'avocats, des centres de beauté, etc.

Et là, on ne parle pas de vendre des banques d'heures d'avance…

L'idée est d'innover en créant une nouvelle offre qui devient un produit en soi. Trouver une clientèle prête à payer, parce que ça répond à un vrai besoin, et faire percevoir la valeur de votre offre pour ensuite devenir indispensable.

Pensez à Netflix. Vous payez un abonnement mensuel. Est-ce qu'à la fin de chaque mois vous vous demandez si vous allez renouveler ou non votre abonnement?

Bien sûr que non.

Ça devient un acquis pour vous. Et c'est la même chose pour l'entreprise dont le taux de renouvellement rend prévisible la croissance de ses activités et de ses investissements.

Je ne vais pas aujourd'hui vous donner toutes les possibilités et les modèles de récurrence mis en place par nos clients. Il faut payer pour cette expertise-là. Vous comprendrez que je vais rester cohérent avec mon propre modèle d'affaires.

D'ailleurs, je remarque que plusieurs entrepreneurs, les mêmes qui étaient figés comme des chevreuils sur le bord de l'autoroute au début de la crise de la Covid-19, ont le réflexe de rechercher la gratuité et les conseils « webino-instantanés » pour faire croître leur entreprise. Permettez-moi un commentaire : c'est bien beau de consommer gratuitement ou à peu de frais des textes et des livres d'affaires (les miens ou ceux d'autres auteurs), mais à un moment ou à un autre, il faut se faire accompagner pour accélérer ses affaires. (Je lève la main : je dépense personnellement des milliers de dollars en accompagnement et en perfectionnement chaque année.)

Osez chercher ce regard extérieur, ce point de vue qui viendra alimenter votre propre réflexion comme entrepreneur.

Pourquoi? D'abord, pour vous faire *challenger*. Notamment sur votre modèle d'affaires.

Pour reprendre mon exemple de Netflix : ne soyez pas l'équivalent des chaînes spécialisées qui développent une offre « *Back to the future* » de 2001 avec une clientèle absente et désintéressée. Et sans réelle demande.

Prenez le temps d'y réfléchir.

Cette réflexion pourrait être très payante pour vous dans les prochaines années.

# L'IMMATURITÉ ENTREPRENEURIALE

– Alex, une de mes clientes m'a contactée pour me signifier son insatisfaction par rapport aux services de notre entreprise.

– Pour quelle raison?

– Elle trouvait que j'étais méprisante parce que je n'ai pas fait de publication à propos de son entreprise sur Facebook… que dois-je faire?

Question du champ gauche. Un angle mort pour cette entreprise.

Pendant une fraction de seconde, j'étais replongé dans l'équivalent d'une chicane de secondaire 3. Cynthia ne l'avait vraiment, mais vraiment pas vue venir. Mon cerveau s'est activité rapidement devant cette situation inattendue.

Mise en contexte. Cynthia offre des services comptables à plusieurs petites entreprises et ses employés font un travail exemplaire depuis de nombreuses années. Et sa cliente avait mal digéré une de ses publications sur Facebook.

Au printemps dernier, Cynthia avait nommé publiquement, sur son profil personnel, cinq entreprises qui méritaient selon elle des applaudissements et desquelles on devrait tous s'inspirer. Un hommage à de belles entreprises québécoises.

Cette cliente était donc insatisfaite en raison d'une publication personnelle, ou d'une absence de publication sur les médias sociaux…

Ouf.

L'histoire s'est bien terminée finalement parce que Cynthia a contacté rapidement sa cliente pour comprendre et désamorcer la bombe potentielle. Voici le message qu'elle lui a transmis :

« À l'époque, j'ai choisi cinq de nos entreprises clientes

avec lesquelles j'avais échangé dans les derniers mois. Sur nos 200 clients. C'étaient MES coups de cœur personnels du moment. *That's it.* Je ne comprends vraiment pas ta réaction. C'est uniquement une publication spontanée qui ne fait aucunement de promotion à tes concurrents... »

Sa cliente, comme il arrive à plusieurs d'entre nous, avait fait preuve d'immaturité entrepreneuriale. Elle avait supposé des intentions des autres en regardant uniquement son nombril, sans chercher à avoir une vue d'ensemble. Sa jalousie s'était transformée en comportement toxique. Une spirale négative dans laquelle elle s'enfonçait et qui renforçait ses convictions sur tout ce qui l'irritait dans ses interactions avec l'entreprise de Cynthia.

Combien de fois ce genre d'histoire se produit-elle en relation avec votre entreprise sans que vous le sachiez?

Aucune idée.

Si la cliente de Cynthia ne lui avait pas exprimé son insatisfaction, elle serait restée sur sa perception totalement fausse de la situation et Cynthia n'aurait pas pu estimer l'impact qu'une simple publication sur Facebook avait pu avoir. Mais pour le savoir, Cynthia a pris le téléphone. Imaginez si elle ne l'avait pas fait...

<u>Je vous raconte cette histoire pour trois raisons :</u>

1. Vous devriez chercher à mesurer la satisfaction de vos clients tout au long de votre relation avec eux et non uniquement à la fin. Je plaide moi-même coupable sur ce point.

2. Évitez de vous comporter comme un immature.

3. Prenez le téléphone pour régler un litige, une insatisfaction ou toute incompréhension.

<u>Être immature en affaires, c'est :</u>

- Être jaloux du succès des autres et chercher à les rabaisser constamment.

- Être arrogant et faire son p'tit Jo Connaissant sans

aucune retenue.

- Se croire plus important que les autres parce que notre compte bancaire est plus garni que celui du voisin.
- Se sentir constamment attaqué et chercher à riposter à des attaques imaginaires.
- Voir de la concurrence là où il n'y en a pas, c'est-à-dire devenir inutilement paranoïaque.
- Prendre les commentaires des autres de façon personnelle.
- Ne pas donner son avis lorsqu'on vous le demande.
- Évitez de signaler son insatisfaction dès qu'une situation survient (la signaler cinq mois plus tard n'en fait plus un sujet d'actualité...).
- Cherchez constamment l'approbation des autres.
- Se dégager de ses responsabilités et ne pas respecter ses engagements.
- Utiliser constamment les autres pour se mettre en lumière (comme ceux qui « highjackent » des publications sur les réseaux sociaux pour *plugger* leurs services et leurs produits).
- Etc.

Élevez-vous. Ne soyez plus cet immature, la version secondaire 3 de vous-même.

Un entrepreneur à succès n'est pas un immature entrepreneurial.

Si le chapeau vous fait, tirez des leçons de vos erreurs et corrigez le tir dès maintenant.

# START, STOP, CONTINUE

Chaque fois que j'entreprends une réflexion stratégique pour une de mes entreprises ou encore en accompagnement avec un de nos clients, j'utilise le concept du Start, Stop and Continue.

Cette technique est excessivement simple, mais peu d'entrepreneurs prennent le temps de la mettre en application.

Chaque fois que vous prenez un pas de recul de vos opérations ou gérez un projet quelconque, cherchez à vous poser les trois questions suivantes pour améliorer votre situation.

1. Que devons-nous commencer à faire? (*Start*)

Souvent, on sait quoi faire, mais pas comment le faire. Identifiez vos priorités et faites-en un plan d'action.

2. Que devons-nous cesser de faire? (*Stop*)

Il est essentiel d'éliminer le superflu ou ce qui n'ajoute aucune valeur. Malheureusement, souvent les entrepreneurs ont peur de renoncer. Il faut pourtant faire le ménage pour développer des nouveautés.

3. Que devons-nous continuer de faire? (*Continue*)

Certaines tâches ou procédures sont importantes à garder telles quelles. Vous avez besoin de bien comprendre l'ensemble de vos processus. Votre succès actuel passe par ces incontournables.

L'idée est donc d'identifier les éléments essentiels au succès de vos affaires. Je vous recommande d'en élaborer la liste en fonction de ces questions, de l'imprimer et de l'afficher en gros dans votre bureau ou votre espace de travail.

Ça devient une forme de code de conduite ou de réalignement qui vous sert lorsqu'une situation vous dévie de votre route.

C'est une belle façon de se ramener à l'ordre.

Que ferez-vous pour vous améliorer?

Bon exercice.

# ON FINIT TOUS PAR ÊTRE DÉÇUS EN BUSINESS

J'ai vécu mon lot de déceptions. Comme chacun d'entre vous, j'en suis convaincu.

Depuis le début de ma carrière d'entrepreneur-conseil, je m'efforce de rendre accessibles mes apprentissages au plus grand nombre d'entrepreneurs. L'idée est toujours la même, c'est pour les aider à améliorer leur situation. C'est ma mission d'affaires, la raison pour laquelle je me lève à 5 h chaque matin.

Au début de mon parcours, je faisais des interventions individuelles en facturant sur une base horaire faramineuse. J'ai ensuite changé mon approche pour facturer en fonction de la valeur ajoutée, sans compter mes heures, triplant ainsi mes revenus en travaillant moins d'heures par semaine. Au moment d'écrire ces lignes, j'ai rédigé 8 livres pour rendre encore plus accessible l'expertise entrepreneuriale que j'ai développée dans les 15 dernières années. Mes livres racontent mes propres expériences d'affaires et celles vécues par mes clients.

Avec mon associé, Michel Ross, nous avons développé une approche d'accompagnement d'entrepreneurs à la barre des PME de moins de 20 employés. Une approche unique au monde, avec la Clinique d'accompagnement entrepreneurial. Nous avons développé un modèle accessible et simple : avec un investissement minimum, un entrepreneur impliqué peut générer un impact maximum pour son entreprise.

J'ai également offert des milliers d'heures d'accompagnement et de contenu de qualité à des entrepreneurs à différents stades de développement… tout à fait gratuitement. Sans rien demander en retour. Plusieurs d'entre vous en ont d'ailleurs bénéficié…

Chaque fois que j'échange avec un entrepreneur qui me dit qu'il est content de pouvoir profiter de nos webinaires gratuits, mais qu'il ne veut pas investir 25 $ pour lire un de mes livres ou 150 $ pour un accompagnement de base (déductible d'impôt en passant) pour développer de nouveaux réflexes d'affaires et découvrir de nouvelles astuces d'affaires, je suis sans mot. Je fige au bout du fil. Et c'est à ce moment précis que j'ai sincèrement le goût de jeter l'éponge. Au moins, je sais à quoi m'attendre ensuite avec cette personne. Je vais mettre mes efforts ailleurs et être généreux avec les autres clients qui eux croient à la valeur ajoutée offerte.

Oui, vous l'aurez deviné. Un prospect (que je voulais sincèrement aider) a refusé de débourser un montant dans les trois chiffres et j'ai mal réagi.

Ne vous méprenez pas, je ne me plains pas!

Je vous raconte mes états d'âme spontanés parce que la réalité n'est pas toujours aussi sexy que l'on pourrait le croire.

Certains d'entre vous m'ont déjà écrit en croyant que je ne vivais jamais de difficultés depuis le début de ma carrière d'entrepreneur et que mes affaires étaient toujours stables. Que mon emploi du temps était réglé au quart de tour et que j'avais une discipline d'acier. C'est peut-être l'image que j'ai projetée de manière bien involontaire, mais je vous l'assure : ce n'est pas tout à fait vrai.

Comme chacun de vous, j'ai des doutes à la suite d'une situation ardue ou après un coup bas d'un concurrent. J'ai même sacré en pleine négociation dernièrement avec un partenaire d'affaires… Ça ne m'arrive presque jamais!

Nous vivons tous des montagnes russes en affaires. Des montagnes russes émotives qui guident nos réactions, nos décisions et nos actions.

La déception fait partie intégrante de la vie d'un entrepreneur.

Je suis entouré d'une équipe de conseillers avec qui je peux facilement ventiler immédiatement lorsqu'une situation décevante se produit. Ça me permet d'évacuer ce que j'ai sur la conscience pour ensuite rebondir immédiatement. D'arrêter d'être dans la réaction émotive et de ruminer. Ça me permet d'être proactif et de rester concentré sur mes aspirations et mes objectifs d'affaires.

Assurez-vous d'être bien entouré pour vous permettre de rebondir et de prendre le pas de recul émotif nécessaire. Acceptez et prenez le temps d'absorber une déception, mais assurez-vous de ventiler.

Face à un doute ou à une déception, qui sont ceux et celles vers qui vous vous tournez? Qui vous écoute *vraiment*?

# LA MATURITÉ ENTREPRENEURIALE

J e discutais avec un groupe d'entrepreneurs d'expérience, lorsque l'un d'entre eux a apporté un point intéressant qui résume bien une vérité peu abordée.

– Alex, quand j'ai démarré mon entreprise, j'étais sûr de moi et toujours convaincu que je prenais les bonnes décisions. Depuis quelque temps, encore plus depuis que je suis vos programmes, je prends plus de temps pour réfléchir à mes décisions et à mes actions...

– C'est normal. C'est ce qu'on appelle de la maturité entrepreneuriale.

Nous sommes naïfs et bercés d'illusions lorsqu'on démarre notre entreprise. Comme vous le savez par expérience ou si vous lisez mes livres, la réalité est beaucoup moins sexy. Tôt ou tard, on frappe notre Waterloo, on reçoit un solide coup de deux-par-quatre et on constate que notre vision n'est qu'un mirage.

Nous nous forgeons comme entrepreneur dans l'adversité et les défis à relever de toutes natures. Ce que nous tenions pour acquis s'érode au fil du temps et nous apprenons une des leçons fondamentales des affaires (et de la vie) : la seule certitude qui existe, c'est qu'il n'y en a pas.

Il est facile d'être convaincu, fonceur et audacieux lorsque nous n'avons rien à perdre ou lorsque nous sommes inconscients des vrais risques.

Avec le temps et les réussites, nous consolidons nos acquis, et notre prise de décision ainsi que nos actions sont teintées de plus de vigilance, de plus de maturité. On sait, par exemple, qu'un seul faux pas en affaires peut avoir des répercussions sur l'ensemble des parties prenantes de nos affaires (clients, employés, fournisseurs, partenaires, etc.).

Par exemple, il y a certains sujets sensibles dont on peut discuter en privé ou au chalet, mais qu'il est suicidaire d'aborder sur les médias sociaux. Vous n'êtes pas obligé de vous positionner sur tout et rien.

Plusieurs individus manquent, selon moi, de nuances et ne comprennent pas le contexte, les angles morts et les répercussions potentielles d'un geste ou d'une parole. De plus, il faut considérer que les gens sont de plus en plus à fleur de peau avec tout ce qui s'est passé dans les dernières années et peuvent réagir de façon irrationnelle.

Chaque jour, je lis sur LinkedIn des publications et des commentaires pour le moins douteux. Parfois, ça va trop loin. À d'autres occasions, on se demande si ces personnes sont réellement en affaires, à les voir multiplier les émoticônes pour raconter leur dilemme matinal. *Coudonc, t'as pas une* business *à faire virer, toi?*

À mon humble avis, l'adage suggérant de tourner sa langue sept fois avant de parler devrait faire partie de nos réflexes d'affaires. Nous sommes des entrepreneurs 24 heures sur 24. La réputation de notre entreprise est en jeu à tout moment. Il faut donc trouver le juste milieu entre la réflexion et l'action.

Avez-vous gagné en maturité dans les dernières années?

# LE SYNDROME DU HAMSTER

Mélanie est fleuriste depuis près de 20 ans. Elle a appris les rudiments du métier auprès de son premier employeur, qui l'a prise sous son aile au début des années 2000. De fil en aiguille, elle a exprimé son côté artistique par sa maîtrise de l'art floral.

Lorsque son patron lui a annoncé qu'il désirait prendre sa retraite, Mélanie n'a pas réfléchi longtemps pour lui proposer de racheter l'affaire. Ils se sont entendus sur le prix de vente et sur les modalités de paiement. L'achat était financé à 100 % par l'ancien propriétaire, et Mélanie devait utiliser les profits générés avec le temps pour le rembourser.

La nouvelle entrepreneure découvre rapidement que gérer une entreprise est moins « sexy » que ça en a l'air! Elle bûche fort, elle apprend la gestion sur le tas, comme tant d'autres, et elle rembourse le vendeur en cinq ans.

Elle est contente de cette réussite, mais ce n'est pas suffisant pour elle. Mélanie est ambitieuse, elle a pris confiance en elle et en ses capacités.

Avec un minimum de négociation, elle fait l'acquisition de deux autres succursales dans sa région. Les autres fleuristes sont âgés et au bout du rouleau. De son côté, elle a de l'énergie à revendre et elle croit pouvoir faire un « copier-coller » de sa façon de faire. Elle pense que ce sera un jeu d'enfant.

Comme tant d'autres avant elle, Mélanie pense que son premier succès sera garant de ses réussites à venir… et comme les autres, elle tombe dans le piège.

Au lieu de dénicher des employés fiables et qualifiés, elle décide de jongler avec les horaires des commerces pour pouvoir être partout – et finalement nulle part – en même temps.

Mélanie est à bout de souffle et travaille près de 100 heures par semaine pour très peu de résultats. Les bénéfices ont chuté et les clients sont plus ou moins satisfaits. Elle ne fait pas ses suivis. Elle devient réactive à tout ce qui se passe dans son entreprise… elle bascule dans un mode de survie.

Mélanie est un hamster.

Elle est prise dans sa cage à tourner dans sa petite roue, en accélérant toujours plus… et en y mettant toujours plus d'efforts. Des efforts qui ne donneront aucun résultat différent.

Courir en rond plus vite, sans chercher à faire autrement, est une des causes majeures d'épuisement et d'écœurantites aiguës chez les entrepreneurs.

Pourtant, notre premier réflexe lorsqu'on est débordé est de foncer tête baissée et de s'agiter dans tous les sens, croyant faire ce qu'il faut.

Un entrepreneur pris dans ce mode se fatigue toujours plus, sans possibilité de sortir de sa roue. Il pense qu'il doit accélérer et donner encore un grand coup pour avoir du succès.

C'est une illusion, un mirage.

On ne peut pas prendre les bonnes décisions et poser les bons gestes lorsqu'on est pris dans cette spirale infernale.

Un entrepreneur qui veut réussir, selon ses propres critères, est celui qui a compris qu'il vit dans « l'urgence de prendre son temps ». Il doit arrêter de courir, relever la tête, et s'assurer d'aller dans la bonne direction.

Dans les prochaines semaines, je vous partagerai certaines astuces que j'utilise pour entretenir ma proactivité, sans m'agiter pour rien.

Car, dans un premier temps, il faut basculer de la réactivité à la proactivité, pour ensuite l'entretenir.

Êtes-vous affligé par le syndrome du hamster?

# S'APITOYER SUR SON SORT

Je me suis presque étouffé avec mon café en voyant l'article dans le journal.

L'article en question racontait la malheureuse histoire d'une entreprise de commerce au détail extrêmement éprouvée par la crise depuis un an. L'article n'était vraiment pas à l'avantage de l'entrepreneur : on le décrivait comme une victime collatérale de la pandémie. Les citations et les propos rapportés donnaient clairement l'image d'un essoufflement et que l'entrepreneur s'apitoyait sur son sort.

Je connais cet entrepreneur (je vais taire son identité) et je suis même un de ses clients réguliers depuis plusieurs années. Lui, il n'a jamais été un de mes clients.

À la lecture de son histoire, je peux vous confirmer que la pandémie a été ardue pour lui. Je peux faire preuve d'empathie, mais je n'ai pas de sympathie lorsqu'un individu se positionne en victime sur la place publique. Belle *exposure* ratée!

Pendant ce temps, son concurrent direct a su se positionner autrement dès le début de la crise et ses affaires vont extrêmement bien. Quand on compare côte à côte les sorties médiatiques des deux entreprises concurrentes, la différence de ton est étonnante.

L'un se plaint et attend. L'autre se retrousse les manches et fonce.

Pendant que le premier attendait que la pandémie s'essouffle, le second passait à l'action.

Jouer la carte de la victime pour attirer de la sympathie est inacceptable après un an de pandémie.

L'entrepreneur affligé par la victimite aiguë n'a pas posé les bons gestes en raison de son attitude négative et de ses comportements antérieurs. Certains de mes clients m'en ont parlé : cet entrepreneur manque de rigueur et ne fait pas ses suivis.

Faire ses suivis est essentiel en affaires. Point.

Il n'a pas évolué comme entrepreneur ni fait évoluer son modèle d'affaires.

Au lieu d'envoyer des courriels de masse et d'attendre que ses clients entrent dans sa boutique, il aurait dû prendre sa liste de clients et les contacter individuellement. Il doit prendre le téléphone et miser sur la proximité dans son cas.

En misant sur son 15 % de meilleurs clients, je suis convaincu qu'il pourrait générer 2 000 $ de vente par jour. L'entrepreneur en question a un logiciel de relation client, des produits personnalisables et uniques selon les préférences de ses clients… Il a tout entre les mains pour se sortir de cette mauvaise posture.

<u>Lorsque nos affaires vont moins bien, il ne faut pas s'attendre que ça change tout seul. Il faut :</u>

– Prendre le téléphone et contacter les gens de notre réseau qui pourraient nous transmettre des contrats ou générer des ventes.
– Aller à la rencontre de nos clients potentiels.
– Augmenter les efforts marketing.
– Aimer et commenter des publications sur les réseaux sociaux.
– Répondre aux demandes <u>rapidement</u>.
– Répondre à tous les courriels et appels dans un délai raisonnable.
– Respecter nos engagements.
– Demander des témoignages à nos clients.
– Demander des références de clients.
– Et surtout, jouer à l'entremetteur pour mettre en relation des alliés de notre réseau d'affaires.

Vous ne devriez pas attendre que ça aille mal pour poser tous ces gestes.

Je suis un fidèle client depuis plusieurs années du commerce en question et c'est terminé pour moi. Je n'y retournerai plus. Parce que je n'aime pas l'attitude du propriétaire.

Pour traverser la crise, on doit tous s'encourager entre entrepreneurs. Mais il vient un moment où l'on veut encourager ceux qui le méritent vraiment et qui font, comme nous, les efforts nécessaires. C'est aussi ça, faire de la *business*, non?

# JOUER À CHAMPIONNAT...
# POUR RECRUTER!

Récemment, une entrepreneure m'a écrit afin que je partage mes astuces de proactivité à l'égard de l'embauche de nouveaux employés, dans un contexte de rareté de main-d'œuvre qualifiée.

Ma réponse reste la même, peu importe ce qui se passe dans l'économie : je joue à Championnat!

Championnat est un jeu de société de baseball (créé en 1991) qui se joue avec une planche de jeu, des pions et des dés. On est loin de la Nintendo Switch. Ceci dit, je ne compte plus les heures où j'y ai joué avec mon ami Olivier Matte.

À l'époque, nous avions créé des joueurs et nous tenions à jour toutes les statistiques de chacun des joueurs de notre équipe dans des cahiers de notes, pour finalement passer à un tableau Excel. Nous avons décidé d'effectuer des saisons de 25 parties et de faire des séries éliminatoires... *Bon OK, à deux équipes, les séries sont courtes!*

Vous pouvez me traiter de fou, mais à la fin de la première saison, nous avons décidé de faire un repêchage avec de nouveaux joueurs que nous avions créés. Tant qu'à faire, nous avions créé un club-école AAA et un second AA. Bref, nous gérions notre relève potentielle même si nous n'en avions pas besoin.

Depuis que je suis entrepreneur, je continue de jouer à Championnat (pas le jeu de table, bien sûr).

Même si je n'ai pas de club-école, j'aborde les embauches de la même façon.

Pour chacun des postes clés de mon organisation, j'ai au moins cinq personnes potentielles pour les remplacer. Ces individus ne le savent pas nécessairement (certains oui), mais ils sont dans mon club-école. J'entretiens une relation avec eux et je sème des graines dans leur esprit en faisant allusion au fait qu'elles pourraient travailler pour nous un jour...

J'ai récemment mentionné à une femme de mon réseau qui quittait son emploi pour aller travailler pour un organisme gouvernemental que, lorsqu'elle serait blasée là-bas, elle pourrait venir travailler pour nous...

<u>Bref :</u>

1. Vous devriez cartographier tous les postes de votre entreprise et les profils de compétences souhaités. Autant vos postes actuels que ceux que vous anticipez créer dans les deux prochaines années.

2. Vous devriez identifier des personnes (au moins cinq) qui travaillent ailleurs présentement et qui ont le profil que vous recherchez pour chacun de vos postes.

3. Cherchez à développer des liens avec les individus ciblés et à les entretenir.

4. Faites allusion aux bénéfices qu'il y a à travailler avec vous. L'idée est de semer des graines qui germent chaque fois qu'ils vivront un irritant ou une insatisfaction à leur travail actuel.

5. Tôt ou tard vous les solliciterez directement avec un poste à pourvoir dans votre entreprise. Vous aurez alors des options.

6. Vous pouvez aussi engager des firmes de recrutement ou des chasseurs de têtes pour éviter d'effectuer vous-même les démarches.

Vous devez éviter à tout prix de réagir devant le fait accompli (une absence prolongée, une retraite ou un départ). C'est certain que vous passerez un mauvais quart d'heure si vous n'avez pas d'option à court terme.

Et parions que la relance de l'économie entraînera d'autres

bouleversements pour les entrepreneurs. Des angles morts qu'ils auraient dû identifier avant qu'il ne soit trop tard…

# COPIER-COLLER

**A**mateur. C'est comme ça que je me suis senti en lisant ce courriel.

*Bonjour Alexandre,*

*Le courriel que j'ai reçu démarre avec « Bonjour Catherine », au lieu de mon prénom.*

*Ça parle aussi d'une « Rita » dont je n'ai jamais entendu parler chez vous.*

*Bonne journée!*

C'est un courriel de la part d'un de nos clients que j'ai reçu au début du mois d'août.

Mea culpa.

Étant en vacances, j'ai répondu rapidement à ce dernier en effectuant un copier-coller d'un courriel que j'avais envoyé la veille, sans effectuer la personnalisation nécessaire.

Je le répète : amateur. Vous avez raison. Ordinaire de ma part alors que je plaide la rigueur. Surtout que notre client savait que j'étais en vacances et qu'il n'y avait aucune urgence de son côté.

En voulant bien faire, j'ai manqué de professionnalisme. En voulant aller vite, j'ai manqué de rigueur.

Ce n'est pas majeur comme erreur, mais j'aurais pu perdre un client à cause de ce courriel. Parce que l'image projetée n'est pas très professionnelle. Ça prouve que je n'étais pas disposé à effectuer cette tâche avec rigueur et que j'aurais dû m'en abstenir.

Combien de fois avez-vous vécu ce genre de situation?

Tant qu'à faire quelque chose trop rapidement et être obligé de se reprendre, ne vaut-il pas mieux éviter de la faire maintenant? D'attendre d'être dans les bonnes dispositions pour l'accomplir adéquatement? C'est ultra cliché, mais n'est-ce pas mieux de « prendre le temps »?

Héritage de la pandémie et du télétravail, on se berce d'illusions sur l'efficacité du multitâche et de l'idée d'optimiser son temps en utilisant 1 001 outils pour être plus productif. Pourtant, ce n'est pas l'efficacité que l'on doit prôner, c'est l'efficience.

L'efficacité, c'est arriver à destination, atteindre ses objectifs. Par exemple, partir de Québec pour aller à Montréal. Se rendre à Montréal en passant par l'autoroute 40 en auto est efficace. L'efficacité est l'obtention d'un résultat satisfaisant en fournissant un minimum d'effort. Bref, lorsqu'on effectue une tâche et que le résultat final est atteint sans trop se casser la tête.

Tandis que l'efficience, c'est trouver le meilleur chemin pour y arriver. C'est choisir le trajet qui nous mènera à Montréal en considérant le nombre de kilomètres à parcourir, le bon moyen de transport (avion, train, voiture, vélo, cheval?), le temps requis, la densité de la circulation, les réparations, la vitesse du véhicule, les coûts, la consommation de l'essence, l'usure du véhicule, etc.

*C'est une question d'optimisation des ressources utilisées pour obtenir le résultat désiré.*

L'efficience est primordiale en affaires.

C'est ce qui permet de rentabiliser les opérations de notre entreprise tout en s'assurant d'une excellente qualité de service.

La mise en place de processus adéquats est nécessaire pour y arriver. Ben oui! Encore les foutus processus dont vous êtes tannés de m'entendre parler…

Avec mon copier-coller à un client, je n'ai fait aucun effort. Un jeu de souris de 2 secondes. Et j'ai dû me reprendre, rajuster le tir et m'excuser auprès de notre client. Pourquoi? Parce que j'ai voulu tout faire, tout de suite.

ALEXANDRE VÉZINA

**Cherchez à être efficient.**

# QU'EST-CE QUE T'ATTENDS?

« *Mon souhait, c'est que les entrepreneurs basculent de la réactivité à la proactivité. Mais je suis réaliste. Dans les faits, peu d'entre eux vont réellement changer leur modèle d'affaires. Ils l'avaient* rough *avant la crise, ils l'ont eu* rough *pendant, et s'ils ne font rien, ça va continuer comme ça.* »

C'est ce que j'avais dit en entrevue à Myriam Boulianne, journaliste du journal Le Soleil, en juillet 2020 lors de la sortie de mon livre Évolution.

Malheureusement, c'est toujours d'actualité. Je suis toujours abasourdi de constater qu'il y a encore une tonne d'entreprises et d'organisations qui attendent de voir la suite des choses. *Stand-by* pour quoi? Attendre après quoi?

En 2021, un entrepreneur de mon réseau m'a même traité de *mère Teresa des entrepreneurs* parce que j'essaie d'aider ceux qui en ont vraiment besoin... mais qui ne veulent pas voir la réalité en face. Ces entrepreneurs préfèrent foncer tête baissée dans les opérations de leur entreprise au lieu de relever la tête pour éviter le mur.

C'est vrai que c'est étourdissant d'être dans l'opérationnel. Il y a toujours quelque chose de rassurant à s'étourdir avec sa *to do list*. C'est choisir le rôle du matelot enfermé dans la salle des moteurs plutôt que d'être le capitaine du navire. En *business*, c'est une grave erreur, surtout dans le contexte pandémique actuel.

Alors, ma question est simple : qu'est-ce que tu attends pour faire des changements dans ta façon de faire de la *business*?

Que ton téléphone sonne?

Si vous n'effectuez aucun changement profond à votre modèle

d'affaires, vous obtiendrez les mêmes résultats. La pénurie de main-d'oeuvre, les ruptures de stock et l'explosion des coûts d'expédition de la marchandise sont des thèmes qui devraient vous préoccuper, mais qui ne devraient pas vous empêcher d'être proactif.

Les grands de ce monde l'ont compris. Walmart, IKEA, Coca-Cola et Home Depot  ont affrété leurs propres bateaux (et louer des vraquiers) pour diminuer les coûts de transports et les délais de livraison. Pensez-y!

Les nombreux enjeux portent à réfléchir pour les cinq à dix prochaines années. Comprenez-moi bien : la situation ne s'améliorera pas d'elle-même si vous attendez.

Attendre est une forme d'autosabotage de votre entreprise. Encore plus dans le contexte actuel.

<u>Si votre solution est de travailler plus, vous passez à côté de l'essentiel.</u> C'est correct de faire un blitz temporaire, mais ce n'est qu'une solution *Band-Aid* qui ne règle rien à moyen terme et ne fait que vous maintenir dans une spirale infernale de réactivité et de survie.

Vous deviendrez plus fatigué, vous perdrez plus de clients, des employés quitteront votre entreprise, vous travaillerez encore plus, les tensions augmenteront dans votre vie personnelle et votre santé mentale en sera affectée. *Game over.*

Est-ce ce que vous souhaitez?

Vous devez ABSOLUMENT prendre le temps de réfléchir ou de vous faire accompagner pour vous obliger à le faire.

Plusieurs consommateurs criaient fort lorsque les guichets automatiques dans les institutions financières se sont multipliés au détriment des caissiers et que les heures d'ouverture au comptoir ont été réduites. Même chose avec les caisses automatiques dans les grandes surfaces. Ça rouspétait! Pourtant, ces entreprises ont anticipé, il y a cinq à dix ans, la pénurie de main-d'œuvre telle que nous la vivons dans le commerce de détail aujourd'hui. Ça s'appelle avoir de la vision et être proactif.

Dans le cadre du Badge PRO, un programme d'accompagnement annuel gratuit, j'ai animé un webinaire sur le sujet en suggérant aux entrepreneurs proactifs, et à ceux qui aspirent à le devenir, de se faire un plan d'action en trois étapes :

1. Résoudre des problèmes ou en atténuer les effets négatifs à court terme;

2. Optimiser ce qu'ils ont entre les mains;

3. Innover pour être en meilleure posture dans les prochaines années.

Il y a une multitude de solutions et d'alternatives si vous êtes prêts à effectuer des changements pour faire évoluer votre modèle d'affaires et améliorer votre situation.

Sérieusement, faites-vous accompagner adéquatement.

Parce que nous sommes souvent trop près de l'arbre pour voir la forêt et trop dans la forêt pour choisir le bon chemin.

Et souvenez-vous : au bout de la forêt, on voit enfin la lumière.

# ÊTES-VOUS UN
# LEADER D'IMPACT?

**N**ous les avons appelées des cliniques-conseils express. Parce que les entrepreneurs n'ont pas de temps à perdre et sont débordés.

Ce sont des plages horaires de 15 minutes par vidéoconférence pour échanger, sans préliminaires, sur un enjeu ou une de leurs préoccupations. Nos clients à la Clinique d'accompagnement entrepreneurial ont ainsi l'occasion d'échanger individuellement avec Michel Ross ou moi-même dans le cadre de ces entretiens. L'idée est d'aider nos clients à prendre un pas de recul sur leur réalité et de les amener à prendre de meilleures décisions avec un point de vue externe à leur situation.

Vous aurez compris que l'on intervient beaucoup avec les défis actuels des entrepreneurs : les difficultés d'approvisionnement, la pénurie de main-d'œuvre, la gestion quotidienne des employés, etc. C'est un défi de taille et malheureusement, beaucoup d'entrepreneurs sont mal outillés pour affronter cette situation.

C'est tout à fait normal.

Sans élever notre jeu d'un cran, nous sommes pris dans une spirale infernale à répéter toujours les mêmes actions. En affaires, on se noie graduellement dans des eaux tumultueuses. La répétition caractérise notre quotidien et nos prises de décisions.

Vous avez la responsabilité d'apprendre à gérer vos employés en plus de gérer votre entreprise. Le passage d'entrepreneur à gestionnaire débute lorsque votre entreprise compte plus de quatre employés et s'accélère lorsque vous franchissez le cap des dix employés.

Le capitaine est un gestionnaire qui comprend les différents facteurs dans son environnement externe, qu'il ne contrôle pas. Il adapte son navire et prend ses décisions, toujours pour bien positionner son bateau. Il affronte les tempêtes aussi bien qu'il navigue par temps clément.

En toute circonstance, il doit conserver la confiance de chacun des membres de son équipage et les respecter pour ce qu'ils sont comme individus. Le capitaine a appris à bien les gérer et à les mobiliser en fonction de la destination à atteindre.

Vous devez évoluer pour devenir un vrai capitaine de navire, un vrai leader d'impact.

Pour ce faire, il faut assumer le fait qu'en devenant un employeur, l'entrepreneur doit développer de nouveaux réflexes, acquérir de nouvelles connaissances ainsi que de nouvelles compétences.

– Avez-vous de bons matelots à bord de votre navire?

– Êtes-vous un bon capitaine?

– Êtes-vous outillé adéquatement?

– Que vous manque-t-il pour assumer pleinement votre rôle?

Je répète souvent à nos clients qu'il est nécessaire de comprendre les différences de chacun… sans indifférence!

Par exemple, la mise en place du programme de management et de leadership MPO est un incontournable pour l'entrepreneur à la barre d'une PME de dix employés et plus pour justement assumer pleinement le rôle de leader d'impact en étant bien outillé. La gestion des employés ne devrait pas s'improviser ni être déléguée à des ressources externes. C'est à vous de gérer votre équipe et de faire grandir ses membres avec vous.

– Avez-vous sous la main les bons outils de gestion pour soutenir vos démarches d'entrepreneur et nourrir votre réflexion stratégique?

– Avez-vous ce qu'il faut pour assumer réellement votre leadership?

Êtes-vous prêt à passer au prochain niveau?

# LES FAUX-NEZ

**M**ise en garde : Cœurs sensibles et humeurs susceptibles, svp vous abstenir de lire ce texte.

Je ne sais pas si c'est un problème que les médias sociaux, la téléréalité et la pandémie ont accentué depuis plusieurs années, mais il y a de plus en plus d'amateurs en affaires qui nuisent aux honnêtes entrepreneurs. Je suis toujours abasourdi du nombre de faux-nez qui s'improvisent une spécialité sur le coin de leur table de cuisine et qui s'autoproclament experts d'un domaine dans lequel ils n'ont aucune expérience. Douteux. Malhonnête. Dangereux.

Ces faux-nez s'improvisent un titre inspirant tout droit sorti d'un livre de Tony Robbins, dégagent une image de succès avec les sièges en cuir de leur voiture (peut-être celle de leur conjoint ou conjointe après tout) et utilisent l'adage « *Fake it until you make it* ». Et c'est sans compter qu'ils nous bombardent de messages privés et de courriels en proposant des « appels découvertes ». J'en ai assez. Et vous?

En passant, ce n'est pas parce que j'ai accepté ta demande de connexion sur LinkedIn que je veux perdre 15 minutes de mon temps à ce que tu essaies de me vendre tes services dont je n'ai rien à foutre.

J'avoue que mes réponses à ces messages sont souvent savoureuses de brièveté!

Ces faux-nez écrivent ensuite des textes dits engageants sur les médias sociaux en attirant le plus de *likes* et de commentaires possible, tout en monopolisant l'attention des membres de leurs réseaux rapprochés. Des textes qui n'ont rien à voir avec leur pseudo-expertise en passant... J'inclus leurs morales à 5 cents et les photos de la fin de vacances style Instagram *nous-sommes-une-*

*famille-parfaite…*

Et BANG!

Malgré tout, ces faux-nez réussissent à attirer dans leur filet un client qui croit faire affaire avec un VRAI spécialiste alors qu'il a été leurré par des tactiques de base d'un amateur sans profondeur. C'est de la fausse représentation. À la limite de la fraude pour certains. Lorsqu'il réalise être victime de l'arnaque, le client est échaudé et met tous les « experts » dans le même panier.

« J'ai assez perdu mon temps avec des *faiseux*! », diront plusieurs clients. Avec raison.

Cette situation nous nuit collectivement en affaires et dans l'entrepreneuriat. Pourtant, ce client honnête avait un réel besoin et cherchait vraiment de l'aide. Malheureusement, il s'est fait avoir, aveuglé par la visibilité du pseudo-expert autoproclamé. Plusieurs entrepreneurs tombent dans le piège et on m'en parle toutes les semaines.

Je ne suis pas jaloux, je suis uniquement écœuré de voir ces faux-nez arnaquer de vrais entrepreneurs.

Les faux-nez, souvent *boostés* par le cordon ombilical des subventions de ce monde, nuisent aux vrais professionnels qui travaillent avec honnêteté et détermination. Vous cherchez un parallèle? C'est un peu comme les *fake news* qui créent de l'incertitude envers les vraies nouvelles et les médias crédibles. Résultat : tout le monde se méfie du dernier reportage à la télé.

Comme entrepreneur, vous devez apprendre rapidement à séparer le bon grain de l'ivraie, à départager les experts des amateurs, si vous désirez avoir du succès en affaires.

- Un expert qualifié possède une expertise connue et reconnue par les autres.

- Un expert reconnu a des réalisations concrètes, un historique de clients satisfaits et surtout, il ne passe pas trop de temps sur LinkedIn à partager ses états d'âme ni à commenter tout et n'importe quoi.

- Les vrais experts partagent du contenu de qualité pour outiller leurs clients et leurs prospects.

Bien évidemment, en affaires, on commence tous quelque part et les premiers mois mettent notre patience à rude épreuve. C'est souvent la raison pour laquelle plusieurs consultants et entrepreneurs ont acquis de l'expérience ailleurs dans le réseau professionnel AVANT de se lancer en affaires. Ça n'a rien à voir avec le syndrome de l'imposteur. Ça s'appelle se donner les chances de réussir.

J'insiste : je ne veux pas jouer au donneur de leçon. Ceci dit, plusieurs loups solitaires ont faim. Un *round-up* sur LinkedIn est révélateur. Ces faux-nez ont des enjeux de *cash flow* qui les poussent à faire des niaiseries. Méfiez-vous. Ils sont dangereux pour la bonne continuité de vos affaires. Et possible qu'ils disparaissent soudainement après les Fêtes, faute de revenus…

Dernier point important : ce n'est pas le nombre de *likes* que vous avez sur vos publications web qui est important. C'est ce qu'il vous reste à la fin de la journée. Je parle ici des bonnes affaires générées autant en argent qu'en accomplissements.

# COMMENT SE BOTTER LES FESSES

La motivation est intrinsèque. C'est-à-dire qu'il appartient à chacun de nous de trouver ce qui nous motive réellement et d'agir en cohérence avec ces éléments. C'est assez simple lorsqu'on y pense.

Toutefois, on a parfois de la difficulté à se motiver à faire certaines tâches que l'on doit exécuter, mais qui ne cadrent pas avec nos réponses la question : qu'est-ce qui vous motive vraiment?

Et c'est normal.

Dans notre quotidien, il y a une énorme différence entre ce que l'on veut faire et ce que l'on doit faire. Surtout pour un entrepreneur qui peut théoriquement faire ce qu'il veut quand il le veut. Pour parvenir éventuellement à cette étape, on doit avoir exécuté beaucoup de *job de marde* que l'on doit absolument faire.

Pour ce faire, il nous arrive de devoir nous *hacker* nous-mêmes. De pirater nos réflexes naturels en utilisant une source de motivation différente que la tâche seule. L'idée est donc de nous forcer à passer à l'action en associant une récompense à la concrétisation de la tâche ingrate qui n'est pas en adéquation avec nos sources de motivation.

La fameuse carotte au bout de la corde pour forcer l'âne à avancer. L'avantage dans votre cas : vous avez choisi quelle sera la carotte et vous êtes l'âne!

C'est un soutien à votre motivation que vous contrôlez vous-même. Le meilleur des deux mondes.

- Kathleen est une graphiste et une photographe hors pair. Elle est une mère Teresa dans l'âme et à de la difficulté à augmenter la tarification de ses services. Pour l'amener à hausser ses prix, elle a décidé qu'elle emmènerait toute sa famille dans un tout-inclus dans le Sud l'an prochain. Le budget associé à cette initiative : 5 000 $. Elle a donc majoré ses services pour gagner près de 150 $ de plus par semaine.

- Vincent est un consultant de management qui refuse constamment des mandats. Il était la personne toute désignée pour un mandat de restructuration d'un organisme parapublic, mais il n'avait aucun intérêt à le faire. Il a présenté une proposition mirobolante en se disant que s'il décrochait le contrat, il s'achèterait un véhicule de luxe. Trois semaines plus tard, il s'achetait une Mercedes neuve.

- Sophie est à la tête d'une entreprise de comptabilité. Après des années à flirter avec le statu quo, elle a décidé de signer un bail pour un nouvel espace avec plusieurs bureaux vides pour l'obliger à développer ses affaires.

- Pour traverser une période difficile avec ses employés, Frédéric a décidé de payer une semaine de congé supplémentaire à sa gang si tous les objectifs étaient atteints avant la fin de l'année. Ses employés ont eu leur récompense.

Parfois, la récompense peut devenir la source de motivation qui nous fait avancer. Ça peut être autant des biens matériels qu'un petit luxe que l'on ne se serait pas permis autrement.

Il ne faut toutefois pas que ce soit arbitraire. Vous devez quantifier ce que vous devez faire pour mériter la source de motivation.

C'est une astuce qui fonctionne merveilleusement bien lorsqu'on est propriétaire d'une entreprise.

Il est important de comprendre qu'il existe une différence entre ce qui nous motive et ce qui peut soutenir notre motivation.

Outre votre source de motivation intrinsèque, qu'est-ce qui

pourrait vous aider à vous motiver?

# PROFESSION ENTREPRENEUR : UN EXERCICE D'HUMILITÉ À TEMPS PLEIN

« **J**'ai une idée de business! »

Cette phrase, nous l'avons tous entendue. Nous l'avons nous-mêmes entendue dans notre tête après notre éclair de génie.

Avoir une idée de projet entrepreneurial en tête est une belle preuve de créativité. Le défi reste toujours le même : le passage de l'intention à l'action. C'est toujours à cette étape que l'on départage les idéalistes pelleteux-de-nuages des vrais entrepreneurs.

Malheureusement, plusieurs personnes préfèrent conserver leurs illusions. Sans prendre de risques. Ces mêmes personnes, qui pourraient avoir du succès dans un domaine, préfèrent plutôt critiquer ouvertement les autres en se pétant les bretelles, disant qu'elles seraient bien meilleures que ceux qui ont osé… Ben oui!

Les médias sociaux sont d'ailleurs pollués par ces parasites.

Au Québec, on les appelle des gérants d'estrade. C'est une forme d'assurance mal placée de leur part, voire d'arrogance. C'est plus facile d'insulter un joueur de hockey ou un politicien sur les médias sociaux que de chausser leurs souliers. Plus facile que de se mettre la face sur une pancarte électorale, n'est-ce pas?

C'est la même chose en affaires.

Avoir le *guts*, et aussi la naïveté (je plaide coupable), de démarrer un nouveau projet est toujours un exercice éprouvant. Que ce soit de démarrer une entreprise, d'acheter une PME, de lancer un nouveau produit, de signer un nouveau partenariat, d'écrire un texte de blogue sur son champ d'expertise, de produire un film ou d'acheter une bâtisse… Ça prend du courage!

J'ai toujours admiré les nouveaux entrepreneurs qui, armés de leur conviction, décident de se lancer dans le vide. Même avec un plan d'affaires, c'est sauter sans vraiment savoir ce qui va nous arriver.

J'ai toujours en tête une citation du boxeur controversé Mike Tyson : « *Tout le monde a un plan, jusqu'au premier coup reçu au visage.* »

Un dur retour à la réalité. Comme un coup de poing en plein visage.

Comme entrepreneurs, nous sommes des artistes. Des artistes qui, avec nos talents et nos outils, façonnent notre vision idéaliste avec des œuvres très souvent imparfaites.

Au début de ma carrière, j'ai aidé des centaines de personnes dans leur démarche de création d'entreprise. J'ai encouragé certaines d'entre elles alors que les banquiers riaient d'elles, et j'ai suggéré à d'autres de complètement revoir leur projet.

J'ai insufflé une dose de confiance à ceux qui en manquaient tout en dégonflant la balloune de ceux qui en avaient trop… toujours de façon respectueuse et en les orientant autrement.

Dès le départ, je crois sincèrement qu'il faut être audacieux pour passer à l'action. Mais comme toujours, les premiers commentaires font mal. Je me souviens de ce que le chroniqueur et entrepreneur François Charron m'a déjà dit : « *Ouvre-toi une bonne bouteille de vin et accepte les critiques avec humilité.* »

Il faut apprendre à écouter les conseils et les critiques des gens de confiance qui ont notre réussite à cœur… et éviter de se laisser distraire par les autres.

Cherchez constamment à vous améliorer en misant sur vos talents. Réveillez votre ardeur de vaincre, mais surtout, votre ardeur de vous réaliser.

Car…

C'est dans l'exécution que l'on voit le vrai visage d'un entrepreneur.

Avez-vous l'audace nécessaire?

C'est dans l'exécution que l'on voit le vrai visage d'un entrepreneur.

Avez-vous l'audace nécessaire?

# À FLEUR DE PEAU

**A**vez-vous remarqué que les gens ont de plus en plus la mèche courte?

J'ai remarqué que des gens de mon entourage ont commencé à réagir vivement et émotivement à des situations qui normalement n'auraient eu aucun effet sur eux. Est-ce parce que l'hiver s'étire ou que les confinements ont été trop restrictifs?

Ces sautes d'humeur m'ont déstabilisé. Parce que je ne les avais pas vues venir.

J'ai reçu des courriels très peu professionnels au cours des dernières semaines de sous-traitants, mais aussi de certains clients. Des femmes et des hommes qui ont toujours été irréprochables… jusqu'à maintenant.

Ça m'a fait chier. Et l'une des raisons, c'est que ça vient casser l'image que je m'étais faite de ces personnes. Comme notre réaction en voyant Will Smith aux Oscars!

Un entrepreneur m'a mentionné qu'il n'avait plus le temps de ne rien faire d'autre que de travailler. Il m'a dit qu'il se sentait comme un écureuil avant l'hiver – clin d'œil à un texte que j'avais écrit. Qu'il devait faire des provisions avant que son secteur d'activité *se crashe* à l'automne!

Comme quoi l'anxiété augmente toujours plus avec l'incertitude, une incertitude persistante depuis deux ans. J'ai dû rappeler à cet entrepreneur de faire attention à lui puisqu'il a déjà fait un *burnout* par le passé.

Il n'est qu'un cas parmi tant d'autres. Le vase est presque plein. Et il est sur le point de déborder… La tension est palpable dans l'air.

Les enjeux des entrepreneurs font augmenter la pression mentale (et artérielle!). En rafale : la pénurie de main-d'œuvre, les défis d'approvisionnement, l'augmentation des délais ET des frais de livraison, la santé mentale des gens, la baisse du niveau d'engagement des employés, la polarisation des discours sur les médias sociaux, les défis générationnels, la pandémie de la COVID-19 qui ne finit plus (avec une sixième vague en vue), les mesures sanitaires qui ressemblent à un yoyo, le coût de la vie qui augmente, la guerre en Ukraine, l'instabilité internationale, le remboursement des prêts COVID, la gestion des employés émotifs, la surcharge de travail, etc.

N'importe quel entrepreneur a raison de se sentir assommé face aux défis qui l'attendent. Mais il faut reconnaître qu'un propriétaire de PME avec du personnel et qui exporte un produit manufacturier fait face à des défis beaucoup plus stressants à gérer qu'un comptable à son compte à la maison. Disons aussi les choses comme elles sont : ce n'est pas la même *game*. Des entrepreneurs luttent, d'autres s'enrichissent.

Par effet miroir, les situations dont je vous parle m'ont fait prendre conscience que mon propre niveau d'irritabilité a atteint des sommets dernièrement. Mes proches conseillers m'entendent souvent ventiler!

C'est tout à fait normal avec les deux dernières années que nous avons collectivement vécues. Une fois que c'est dit cependant, il est nécessaire d'agir sur le plan personnel pour éviter que ça dégénère.

Je remarque également que les astuces qui nous permettaient de tenir le coup il n'y a pas si longtemps, de conserver un certain équilibre émotionnel, ne sont plus aussi efficaces.

Au début de la pandémie, j'ai répété à des milliers d'entrepreneurs de s'ancrer en se trouvant des points de repère adéquats. J'ai même écrit un chapitre à ce propos dans mon livre *Évolution*. En voici un extrait :

*Un point de repère, c'est quelque chose qui permet de nous orienter, de nous retrouver lorsque nous sommes perdus dans le temps et dans l'espace. C'est une chose familière grâce à laquelle nous pouvons retrouver notre chemin.*

*Ce peut être une personne avec qui nous échangeons, une chanson préférée que nous écoutons, la pratique d'un sport qui nous remet les deux pieds sur terre, un passe-temps, un livre que nous relisons, etc.*

*Bref, c'est quelque chose de réconfortant qui vous recentre sur vous-même en ayant une base solide pour poursuivre votre progression. Ce n'est pas quelque chose qui vous retient, c'est quelque chose qui vous pousse vers l'avant.*

Pour ceux qui n'ont pas commencé à intégrer les points de repère dans leur hygiène de vie, c'est un bon point de départ. Pour les autres, j'ai la conviction que ce n'est plus suffisant.

Il faut explorer de nouvelles avenues pour vous recentrer, et je ne vous parle pas d'un éveil spirituel soudain en forêt. Réfléchissez à ce que vous aimeriez faire.

Certains ont commencé à travailler sur un nouveau projet personnel ou à faire de nouvelles activités pour faire sortir le méchant. Je vous encourage fortement à le faire aussi.

Je vous pose donc la question suivante : qu'est-ce que vous aimeriez faire de nouveau pour relâcher la pression?

La clé, c'est le changement. Il faut commencer par effectuer des changements sur soi-même pour ensuite pouvoir améliorer la dynamique de notre entreprise.

Ça part de l'entrepreneur. Et surtout, de sa santé.

Qu'allez-vous faire?

# LA CRISE DE CONFIANCE

J'ai dévoré le documentaire Crypto Parano : Enquête aux frontières du virtuel sur Netflix lorsqu'il est sorti. Ce documentaire raconte l'histoire d'une plateforme de cryptomonnaie canadienne en difficulté dont le propriétaire meurt soudainement. Suite à cela, plusieurs centaines de millions de dollars ont été bloqués puisque lui seul détenait la clé de gestion de la plateforme, et les investisseurs commencent à penser que sa disparition est louche…

Ça m'a rappelé pourquoi comme consommateur, je préfère faire affaire avec des gens en qui j'ai pleinement confiance ou encore avec des entreprises qui m'ont démontré que je pouvais leur accorder ma confiance. Ces personnes et ces entreprises l'ont mérité au fil du temps grâce à des expériences positives qu'elles ont offertes. En livrant la marchandise et surtout, en ayant l'écoute nécessaire pour m'aider et pour m'accompagner.

Qu'est-ce que la confiance?

*Précision : je ne parle pas ici de la confiance en soi. Je parle de la confiance que l'on accorde à une autre personne ou à une organisation.*

La confiance est une notion abstraite dont la définition peut être élastique en fonction de notre interlocuteur.

Le Larousse définit la confiance comme un « *Sentiment d'assurance, de sécurité qu'inspire au public la stabilité des affaires, de la situation politique.* » C'est donc dire que nous considérons quelqu'un ou quelque chose de manière suffisamment positive pour nous y fier entièrement. C'est une forme de sécurité.

Question d'être tous au diapason, je vous propose ma définition personnelle de la confiance dans un contexte d'affaires. La voici :

La confiance, c'est le sentiment que notre interlocuteur a réellement notre bien-être en tête (notre intérêt à cœur) lorsqu'il fait des affaires avec nous. C'est l'assurance que cette personne veut nous aider en nous offrant une valeur ajoutée qui améliorera notre situation et surtout, qu'elle le fait avec authenticité.

Est-ce que ça résonne pour vous?

Avez-vous spontanément en tête le visage de certains de vos proches collaborateurs, partenaires, sous-traitants ou fournisseurs?

La vraie confiance, elle a un nom. Elle porte le nom de chacune de ces personnes qui vous entourent et vous soutiennent dans votre aventure entrepreneuriale. Si vous êtes incapable de me nommer au moins cinq noms, vous êtes mal entouré.

Lorsqu'on y pense, la confiance est à la base de toute relation d'affaires que l'on souhaite faire perdurer. Elle est l'ingrédient clé de ce que l'on appelle le gagnant-gagnant.

Qu'est-ce qui fait en sorte que vous accordiez votre confiance aux autres?

<u>La confiance se bâtit lorsque la personne ou l'entreprise :</u>

- respecte ses engagements;
- livre un produit qui répond aux attentes;
- répond « présent » lorsque l'autre est en difficulté;
- écoute l'autre lorsque nécessaire;
- est proactive et propose des solutions réalistes et efficaces;
- crée des produits/services en adéquation avec les besoins des clients;
- offre du contenu de qualité aux membres de son réseau (et sans attente!);
- agit en professionnelle et avec respect;
- pose des actions qui sont en cohérence avec ses paroles;
- etc.

La confiance s'érode lorsqu'il y a une incohérence ou s'il y a un doute sur les intentions de l'autre. Lorsque vous sentez qu'on vous a joué dans le dos. Qu'on ne vous a pas tout dit. Lorsque vous sentez qu'on vous a utilisé, voire manipulé. Une fois perdue, c'est un véritable chemin de croix qu'il faut emprunter afin de récupérer la confiance ou de l'accorder à nouveau.

Personne n'est parfait. Il y a quelques années, j'ai omis bien involontairement de faire un suivi sur un dossier avec un partenaire clé. Ça m'aura pris près de cinq ans pour regagner sa confiance et faire en sorte que nous puissions à nouveau collaborer. La leçon a été durement apprise. Vous avez sûrement une telle histoire qui vous vient en tête…

Je vous pose donc une question pour alimenter vos réflexions sur le sujet : que faites-vous pour que les autres aient confiance en vous?

# LE PAS DE RECUL

**M**a fille Zoé a six ans. Mon garçon Zachary en a huit. Les deux sont des enfants très intelligents et ont beaucoup de facilité à l'école.

Dernièrement, j'étais dans la salle de bain vers 6 h 40 un matin de semaine. Les enfants s'habillaient tranquillement dans leurs chambres, avec des vêtements que ma conjointe avait minutieusement choisis. Disons qu'elle a un meilleur sens des agencements que moi qui alterne le noir et le gris…

Au moment où j'entamais ma routine matinale devant le miroir, Zachary entre dans la pièce. Désemparé, il me lance :

« Papa, mes pantalons sont beaucoup trop petits. Je ne suis pas capable de fermer le bouton. Peux-tu les agrandir svp? »

Pour ceux qui ne connaissent pas le concept, les pantalons pour jeunes enfants sont souvent munis d'un système d'élastiques à l'intérieur, autour de la taille, pour permettre de les ajuster. C'est une sorte de ceinture à l'intérieur du pantalon, qui hélas, n'existe plus à l'âge adulte…

Je me penche et regarde l'élastique de plus près.

« Zach, c'est au maximum. Ça n'a pas d'allure… Tu grandis trop vite. »

Je recule alors légèrement et j'éclate de rire. Nos deux conclusions étaient beaucoup trop hâtives…

« Ce ne sont pas les tiens… ce sont les pantalons de Zoé! »

Il portait les culottes *stretch* de ma fille!

Mon fils et moi avons été tous les deux aveuglés à vouloir régler un problème sans se poser initialement les bonnes questions. C'est pour cette raison que j'ai pris un pas de recul; pour avoir une meilleure perspective de la situation.

Combien de fois tombons-nous dans ce piège comme entrepreneur?

Nous avons tendance à rapidement tomber dans le « comment » régler un problème apparent, sans nécessairement d'abord valider si l'on adresse le bon problème.

Chaque semaine, j'oblige un grand nombre d'entrepreneurs à prendre ce temps d'arrêt, à profiter d'un bref retrait de leurs opérations pour voir leur situation autrement et avec des lunettes différentes (et surtout pas roses). Nous avons développé le Badge PRO à cet effet. Il faut savoir prendre ce fameux pas de recul pour être dans la bonne posture de réussite, que votre *business* se porte bien ou non.

La proactivité suppose justement de réfléchir avant d'agir! De prendre le temps de se poser les bonnes questions au lieu de réagir instinctivement, comme nous le faisions tous dans nos premiers mois en entrepreneuriat.

Le réflexe naturel des propriétaires de TPE (entreprises comptant moins de 20 employés) est justement de choisir rapidement une solution *tactique* pour corriger une situation *problématique*. Par exemple : « Il me manque des employés en raison de la rareté de main-d'œuvre, alors je vais me retrousser les manches et travailler moi-même plus d'heures! »

On s'entend pour dire que c'est une approche *Band Aid*, quelque chose de temporaire. Cette approche peut vous rassurer parce que vous restez positif, mais elle crée pourtant une spirale négative. Dans ces conditions, je ne suis pas convaincu que vous serez encore à la tête de votre entreprise dans 10 ans. L'idée n'est pas d'être positif, mais d'être stratégique.

Il faut impérativement développer le réflexe de la pensée stratégique pour corriger ces situations de façon durable. C'est pour cette raison que je travaille depuis près d'un an sur mon prochain livre et que j'ai décidé d'animer un atelier sur le sujet le 10 juin prochain.

Il faut remonter aux enjeux stratégiques (le quoi) en considérant également la dimension éthique (le pourquoi) pour finalement redescendre vers l'approche tactique (le comment). Bref, il y a un cheminement pour analyser adéquatement toute situation et choisir la solution durable pour la pérennité de notre entreprise. Vous avez bien lu : je ne parle pas de survie, mais de pérennité.

S'il y a une chose que les deux dernières années nous ont apprise, c'est qu'il faut faire évoluer nos réflexes pour manœuvrer efficacement dans un environnement d'affaires changeant en choisissant les actions qui feront une réelle différence. Comme entrepreneur, nous devons le faire en considérant la *business* avec une vision à 360° : les aspects éthiques, stratégiques et tactiques derrière n'importe quelle situation.

# LA GASTRO-ENTREPRENEURIALE, UNE NOUVELLE ÉPIDÉMIE

« **A**lex, tout me fait chier! »

Je ne m'attendais pas à ce genre de commentaire quand j'ai pris le temps de rencontrer individuellement une quarantaine d'entrepreneurs des quatre coins du Québec au printemps 2022. Constat : une grave épidémie frappe actuellement de plein fouet les entrepreneurs du Québec, incluant les solopreneurs.

Martin, propriétaire d'une entreprise de stratégie marketing de six employés, en est le parfait exemple. Alors que nous discutions ensemble, il me lance :

– Alex, tout me fait chier actuellement. Les demandes de mes clients me font chier. Les employés ne comprennent rien de ce que je vis. Ils m'en rajoutent en me demandant de payer leurs déplacements depuis leur domicile pour venir travailler au bureau. Eux aussi me font chier. Ma coupe est pleine et ils osent se plaindre le ventre plein… Ils font même plus d'argent que moi! Mes façons de développer mon entreprise avant la pandémie n'ont plus les mêmes effets maintenant. Elles ne sont plus d'actualité. J'ai l'impression de naviguer dans le brouillard, mais je ne veux pas faire peur à mon équipe. J'ai clairement besoin de vacances, mais ça ne réglera pas mes problèmes.

– Je comprends très bien ta situation Martin, lui ai-je répondu. Ton estime de soi et ta confiance sont fortement ébranlées. Les efforts investis dans ta réussite n'ont plus la prévisibilité d'avant. Ton modèle d'affaires et tes points de références ne sont plus d'actualité. Tu es à bout de souffle au point de ne plus y voir clair. Chaque nouveau coup de deux-par-quatre vient t'abattre et te décourager puisque ta carapace est extrêmement fragilisée. Ta vision est teintée par tous ces éléments. Mon diagnostic : tu as une gastro-entrepreneuriale.

Le sourire de Martin s'est alors dessiné dans son visage. Mon objectif était partiellement atteint.

Vous sentez-vous comme Martin?

Martin, comme plusieurs d'entre vous, est à fleur de peau et son attitude face à l'adversité est mise à rude épreuve... et c'est normal!

Les dernières années ont été difficiles pour tout le monde et en particulier pour les entrepreneurs à la barre d'entreprise de moins de 10 employés et les solopreneurs. Être la personne dont tout repose sur les épaules peut s'avérer éreintant... encore plus lorsqu'on est continuellement pris dans les urgences.

Ce qui a fait votre succès dans le passé n'est pas garant de votre avenir entrepreneurial. Parce que la pandémie a ébranlé nos certitudes. Parce que de nombreux enjeux se sont ajoutés, alimentant l'incertitude économique.

Malgré la résilience... malgré l'adaptation... malgré les changements profonds... malgré le virage technologique... malgré les ressources et les efforts investis... Ce n'est pas suffisant.

Les entrepreneurs ont peine à suivre le rythme effréné des changements, malgré une croissance extraordinaire et des trimestres de ventes spectaculaires.

La rareté de la main-d'œuvre jumelée à la flambée du coût de l'essence crée une combinaison angoissante pour certains tandis que les problèmes d'approvisionnement et l'augmentation des délais de livraison ajoutent un stress supplémentaire pour d'autres. La croissance de l'inflation ajoutée à la récession économique que les experts prédisent joue aussi sur les nerfs. Et ne sous-estimons pas l'impact de la guerre en Ukraine, ne serait-ce qu'en alimentation.

C'est face à l'adversité que l'on voit le vrai visage des gens; autant le bon que le mauvais. Notre attitude fait autant partie du problème que de la solution.

La situation actuelle force n'importe quel entrepreneur, peu importe son carnet de commandes, à faire preuve d'audace. À réfléchir à son modèle d'affaires, à son marché et aux opportunités potentielles auxquelles il doit s'attaquer en fonction de ses enjeux. À se retrousser les manches, malgré l'incertitude du contexte actuel.

Comment mieux anticiper la continuité des affaires quand tout devient incertain?

Ce n'est pas sur des eaux calmes que l'on reconnait les bons capitaines; c'est lorsque la tempête fait rage. C'est quand la situation semble désespérée et que les bons capitaines restent debout et mobilisent leur équipage pour affronter la menace que l'on peut réellement les distinguer.

Les entrepreneurs n'en parlent pas. Certains se mentent à eux-mêmes, disant « que tout ça n'est que passager ». D'autres cachent leurs inquiétudes comme un singe, les deux mains sur les yeux. Si les entrepreneurs ne prennent pas le pas de recul nécessaire maintenant, ils pourraient être forcés de prendre des décisions radicales pour l'avenir de leur entreprise. Des décisions difficiles qui auraient pourtant pu être évitées.

Anticiper l'avenir avec combativité est essentiel pour la survie et l'évolution de nos petites entreprises.

Un changement de cap et d'attitude est nécessaire pour mettre fin à ce que j'appelle la gastro-entrepreneuriale.

Il faut chercher à voir le verre d'eau à moitié plein et non à moitié vide.

<u>Lorsque tout nous fait chier et que rien ne va plus, il faut se poser les questions suivantes :</u>

- À qui puis-je en parler (ventiler) sans être jugé?
- De quoi suis-je fier parmi les actions posées dans les

derniers mois?

- Quelles sont les zones d'excellence de mon entreprise?
- Quelles sont les opportunités générées par la situation dans laquelle je suis?
- Que devrais-je faire autrement pour améliorer ma situation?
- Qu'est-ce qui me permettra de prendre le recul nécessaire pour prendre de meilleures décisions?
- Que puis-je faire pour me sentir moins stressé?
- Qui peut m'aider à voir autrement mes affaires? À découvrir des alternatives?
- Etc.

Cherchons à voir autrement les situations que l'on vit pour retrouver le goût de développer nos entreprises. Pour que ça fonctionne, ça prend des changements profonds dans notre façon de faire des affaires.

Rappelons-nous les mots de MC Solaar : « Pour aller de l'avant, il faut prendre du recul. Car prendre du recul, c'est prendre de l'élan. »

# AS-TU L'IMPRESSION D'AVOIR TOUT ESSAYÉ?

Le réseau social LinkedIn n'est pas reconnu comme étant une vitrine pour les échecs. Pourtant, au début de l'été 2022, je suis tombé sur une publication de l'entrepreneur Christian Genest de Buddha-Station qui annonçait avec humilité qu'il mettait son entreprise sur pause jusqu'au mois d'août pour mieux évaluer la suite. Christian racontait qu'il avait hésité longuement avant de la publier.

La majorité des entrepreneurs que j'ai vus vivre cette situation (pause temporaire ou fermeture définitive) ont honte, préfèrent se cacher et surtout, se faire oublier. C'est une forme d'atteinte directe à leur ego. Parce qu'ils ont échoué. Ces entrepreneurs se regardent difficilement dans le miroir et se répètent qu'ils n'ont pas connu une réussite éclatante avec leur entreprise.

On l'oublie trop souvent, mais l'entrepreneuriat est d'abord une suite d'échecs et d'apprentissages face à toutes les formes d'adversité, comme je l'ai abordé dans mon livre MARQUÉS AU FER ROUGE. Seuls les arrogants et les prétentieux jugeront un entrepreneur qui n'a pas « réussi ». Il est facile de critiquer et de regarder les autres de haut lorsqu'on n'est pas dans l'action. Ça fait gérant d'estrade.

Disons-nous les vraies affaires : ça prend du courage pour prendre la décision de mettre la clé sous la porte. Ça prend du courage pour mettre un terme à la vision que nous nous étions donnée en nous levant chaque matin. Ça prend du courage pour annoncer à nos employés qu'ils n'ont plus d'emploi. Ça prend du courage pour reconnaître nos erreurs. Et surtout, ça prend du courage pour reconnaître que nous avons atteint nos limites. Ça prend du courage pour mettre fin à un rêve souvent bien personnel.

Oui, c'est bien plus facile de s'entêter dans un modèle qui ne fonctionne pas ou qui ne fonctionne plus à cause de différents facteurs incontrôlables de notre environnement d'affaires. Je dirais même que c'est lâche et stupide de croire que les choses vont se régler d'elles-mêmes en ne regardant pas la réalité en face, en ne cherchant pas à faire autrement. Ça, c'est de l'acharnement.

*« La folie est de toujours se comporter de la même manière et de s'attendre à un résultat différent »*, comme le disait Albert Einstein.

La ligne est mince entre l'acharnement et la persévérance.

Régulièrement, dans mes séances d'accompagnement, je pose aux entrepreneurs qui éprouvent des difficultés avec leur entreprise la question suivante : as-tu l'impression d'avoir tout essayé?

Si la réponse est négative, je les encourage à bien évaluer les solutions alternatives. Je leur demande de vérifier et de bien analyser les ressources nécessaires, c'est-à-dire l'énergie, le temps, l'argent ainsi que leur état de santé physique et mental. Il faut ensuite dresser un plan d'action, exécuter les changements à apporter et mobiliser les ressources pour « virer de bord » l'entreprise. C'est la définition de la persévérance.

L'idée, c'est de se donner une chance supplémentaire de réussir sans avoir de regret si jamais ça ne fonctionne pas. Parce que c'est lorsqu'on pense que l'on aurait dû faire ci ou faire ça que l'on est affligé de remords.

Les *« j'aurais donc dû »* sont à éviter.

Si vous avez tout essayé selon votre point de vue et que vous n'avez plus l'énergie pour vous battre, c'est courageux de reconnaître votre défaite.

C'est vrai dans le cas d'un produit ou d'un service qui ne fonctionne pas, d'une stratégie de mise en marché qui ne lève pas, d'un employé qui ne cadre pas, d'un associé qui ne s'implique pas, d'une entreprise qui perd continuellement de l'argent, etc.

Le monde change et il faut s'adapter. Effectuer un repli stratégique est une forme d'adaptation.

Je lève donc mon chapeau bien haut à tous les entrepreneurs comme Christian Genest qui ont été persévérants et qui ont fait preuve de courage après avoir atteint leur limite. Christian a tenté plusieurs approches d'adaptation dans les dernières années avant de devoir tirer sa révérence, du moins temporairement. Le connaissant, ce n'est que partie remise. Comme tous les entrepreneurs persévérants.

# UNE MISE À JOUR DU SYSTÈME

« **F**uck off! »

Plusieurs d'entre vous avaient une gastro-entrepreneuriale avant l'été 2022. Un peu comme si vous aviez le goût de dire à tout le monde « *Fuck off!* » parce que tout vous fait chier… C'est normal lorsqu'on est à bout. Surtout dans le climat actuel avec l'accumulation des défis de gestion d'une petite entreprise. Un climat de tempête qui n'a rien à avoir avec le soleil de notre été.

*Vous sentez-vous encore comme ça?*

Sincèrement, j'espère que vous avez rechargé vos batteries pendant vos vacances et que vous avez retrouvé une bonne attitude. L'objectif devrait maintenant être le suivant : avoir une vision plus claire et plus réaliste de votre situation, sans tomber dans l'émotivité.

Voyez-vous le verre à moitié PLEIN ou à moitié VIDE lorsque vous devez faire face à des problèmes?

Tombez-vous dans un mode SOLUTION rapidement?

Si ce n'est pas le cas, allez chercher de l'aide, que ce soit avec l'accompagnement d'un professionnel ou celui d'un mentor. Parce que vous êtes probablement sur le point de vous transformer en Hulk! Ce n'est JAMAIS bon pour les affaires d'être un nerf à vif.

Le retour des vacances amène son lot de réflexions et de remises en question. Nous devons tous en avoir. S'il y a bien une chose que nous retenons des trois dernières années, c'est qu'il n'y a pas de certitude en affaires. Aucune.

<u>Voici quelques questions que vous devriez vous poser actuellement :</u>

- Notre mission et notre vision d'affaires sont-elles claires?

- Est-ce que nos objectifs à atteindre pour la prochaine année sont bien définis?

- Est-ce que notre plan d'action tient la route? (En espérant que vous en avez un…)

- Avons-nous les ressources nécessaires pour exécuter le plan?

- Devons-nous ajuster notre modèle d'affaires pour poursuivre le développement de notre entreprise?

- Devons-nous éliminer certains produits pour en développer d'autres?

- Cherchons-nous à diversifier nos marchés?

- Ai-je encore le goût de m'investir autant dans mon entreprise?

- Est-ce que je m'amuse encore? Est-ce que j'ai du *fun*?

Il y aurait des tonnes de questions supplémentaires à vous poser, mais je veux mettre l'accent sur la question qui tue : *est-ce que je souhaite toujours être en affaires présentement?*

Certains entrepreneurs de mon réseau (même ceux qui réussissent) m'ont avoué une chose qu'ils considéraient comme impensable avant : ils ne souhaitent pas rester en affaires à tout prix et certains songent même à se dénicher un emploi dans une grande entreprise!

Jetez un coup d'œil sur LinkedIn et vous comprendrez. J'en ai vu plusieurs annoncer s'être déjà trouvé un emploi. Il faut dire que le marché de l'emploi actuel peut devenir intéressant et sécurisant pour un entrepreneur qui en arrache ou qui travaille 100 heures par semaine.

Plusieurs pourraient faire beaucoup plus d'argent en travaillant deux fois moins. En redevenant salarié. Avec moins d'effort. Le contexte porte à réflexion.

L'accumulation de frustrations, de déceptions, d'incertitudes, de problématiques et de défis suscite une mise à jour nécessaire de notre système d'exploitation. De notre propre vision des affaires. Votre ordinateur n'y échappe pas chaque année. Vous non plus. Inutile de reporter sans arrêt cette mise à jour...

Si vous optez pour vous trouver un emploi, j'admire votre courage d'avoir été entrepreneur pendant quelques années. Ça fera probablement de vous un meilleur employé parce que vous allez comprendre la *game* de votre patron.

Si vous poursuivez votre carrière d'entrepreneur, je vous lève aussi mon chapeau parce que la prochaine décennie sera *rough*. Ne nous berçons pas d'illusions.

Posez-vous les bonnes questions et répondez-y honnêtement. Réfléchissez aux changements à apporter et mettez-les en action. Et arrêtez de pelleter par avant les réflexions que vous devez avoir maintenant.

Je conclus avec une phrase que je répète aux entrepreneurs avec qui j'interagis dans nos programmes d'accompagnement : être en affaires est un moyen pour atteindre vos objectifs de vie et non une fin en soi.

Pensez-y-bien parce qu'en affaires, l'orage gronde à l'horizon.

# SOUFFLER SUR
# LES BRAISES

J'ai passé une semaine inoubliable de vacances à l'été 2022 dans les provinces maritimes. J'ai redécouvert le plaisir de dormir sur un matelas gonflable, à l'abri des intempéries dans une tente qui ne prend pas l'eau (on l'espère toujours en regardant le ciel!). Chaque soir, mes enfants réclamaient un feu de camp, bien avant que la noirceur ne s'installe sur les terrains de camping où nous avons séjourné.

Très souvent, ma conjointe et moi avions le réflexe de partir notre feu pendant qu'on préparait le souper, question de créer une belle ambiance. Mais un feu auquel on ne porte pas attention en est un qui ne vit pas très longtemps. Un concept qui a pris concrètement son sens alors que j'essayais de rallumer le feu éteint avec le bois acheté (trop cher) à l'accueil du camping. Si vous n'entretenez pas votre feu, les flammes meurent, laissant les cendres se consumer une toute dernière fois.

Cette image illustre très bien une tactique d'affaires que j'enseigne aux entrepreneurs depuis des années : cherchez continuellement à souffler sur les braises.

Ce n'est pas uniquement d'être rigoureux dans nos suivis; c'est de raviver la flamme lorsqu'elle est presque éteinte. Il faut souffler sur la braise pour maintenir nos suivis et nos démarches de développement des affaires, peu importe notre état d'esprit. Oui, ça demande de la rigueur. Mais si on ne le fait pas, qui le fera?

Avez-vous de la difficulté à retrouver votre focus après les vacances? La course aux fournitures scolaires, la semaine actuelle entre la fin des camps et la rentrée scolaire, la course aux inscriptions à des activités la fin de semaine, les visites des écoles secondaires pour certains... Comme parents, on se sent ces jours-ci comme des poules pas de tête alors que l'on vient à peine de sortir de vacances.

Côté *business*, fini les horaires d'été allégés. C'est vrai pour les clients, les fournisseurs, les touristes, les entrepreneurs, les fonctionnaires, etc.

La fête du Travail ramène habituellement une certaine normalité. Est-ce que ce sera le cas cette année? Après deux automnes pandémiques?

Misez sur ce que vous contrôlez : lancez vos suivis maintenant.

Une erreur fréquente que je vois de la part des entrepreneurs, c'est d'attendre la semaine après la fête du Travail pour effectuer leurs suivis. Pour ceux qui les font!

Attendre à la mi-septembre ne fait que retarder les contrats ou reporter les rencontres à la fin du mois, voire au début d'octobre. Avez-vous encore faim en affaires ou êtes-vous déjà rassasié? Les reports entraînent des déceptions et provoquent un stress supplémentaire dont personne n'a besoin actuellement avec l'incertitude ambiante.

*Avez-vous le luxe d'attendre encore deux mois avant d'avoir des résultats?*

La patience est une vertu, certes, mais parfois certaines actions proactives peuvent accélérer le processus.

L'idée est d'éviter de garder au point mort certains contrats ou ententes potentielles.

<u>Voici une recommandation pour vous :</u>

1. Identifiez cinq personnes ou entreprises avec qui vous avez eu des discussions depuis plus de trois mois et qui mériteraient d'être relancées.

2. Prenez le temps de réfléchir à la prochaine étape pour faire avancer positivement les choses avec elles.

3. Envoyez-leur un courriel pour planifier un entretien (réel ou virtuel) dans les prochaines semaines.

4. Planifiez l'entretien et envoyez une confirmation d'agenda avec toutes les informations pertinentes.

5. Faites votre entretien et confirmez les prochaines étapes avec votre interlocuteur.

6. Faites les suivis convenus avec cette personne.

7. Entretemps, répétez avec cinq autres personnes (ou plus) cette astuce toutes les semaines.

Ça ne représente qu'un suivi par jour... Ne venez pas me dire que vous n'avez pas le temps.

Avec le nombre de messages et de priorités que vos interlocuteurs ont dans une journée, il est nécessaire d'effectuer un gentil rappel pour leur remémorer votre existence. Autrement, vous tomberez dans l'oubli et votre entreprise en souffrira. Et il n'y a rien de pire qu'un vendeur en mode panique qui n'a pas prévu les coups...

Parfois, souffler sur les braises est tout ce que ça prend pour faire reprendre vie au feu. C'est la même chose en affaires.

# QUAND TOUT S'ACCUMULE

**L**orsque nos affaires vont bien, notre regard est porté au loin vers l'horizon, vers nos aspirations. Comme entrepreneur, nous sommes bien conscients que c'est souvent une période d'accalmie parmi nos nombreux défis.

Nous ne sommes pas naïfs. Tôt ou tard, un événement nous force à régler des problèmes ou à affronter des déceptions. Ce n'est pas être fataliste ou pessimiste, c'est être réaliste.

Un contrat que nous tenions pour acquis nous échappe pour une raison mystérieuse.

*Déçu, on se retrousse les manches pour redoubler d'ardeur.*

Un client de longue date fait du *ghosting* alors que nous essayons de le relancer.

*On rumine et on se demande pourquoi ce client refuse de rappeler… A-t-on commis une maladresse ou un impair? Un problème avec la dernière facture?*

Une employée clé nous abandonne avant notre *rush* annuel pour 25 000 $ de plus par an chez un concurrent…

*Ne pouvant renchérir, on la laisse partir en sachant que l'on aura de la difficulté à la remplacer à court terme. On encaisse et on travaille plus d'heures pour compenser.*

Après des mois d'investigation, nous apprenons que notre douce moitié a un cancer.

*On libère du temps dans notre agenda pour être plus disponible pour l'être aimé… On compense alors ces heures en travaillant plus tard le soir et très tôt le matin. On se dit que l'on dormira plus, plus tard…*

Une vague de clients reporte les contrats prévus en raison de l'incertitude du climat économique.

*Frustré, on remet en question notre capacité à rester en affaires.*

*Pourquoi se démener comme un diable dans l'eau bénite alors que l'on pourrait travailler presque n'importe où pour un salaire plus élevé dans le contexte actuel de pénurie de main-d'œuvre?*

Combien de fois avez-vous vécu ce type de situation?

Plusieurs entrepreneurs m'ont confié qu'ils se sentaient actuellement vulnérables. Leurs carapaces, autrefois à toute épreuve, sont maintenant fissurées et fragilisées.

Ce n'est pas nécessairement la violence d'un coup de deux-par-quatre qui nous met au plancher. C'est la répétition et l'accumulation des coups durs qui font habituellement le plus mal… Cet acharnement des mauvaises nouvelles remet en question notre propre résilience comme entrepreneur. Et disons-nous les vraies affaires : ça use au quotidien.

Ouvrons les yeux : les entrepreneurs (même les plus proactifs) subissent une augmentation des embûches sur leur route. Outre les défis d'approvisionnement, le contexte précaire de l'embauche des travailleurs, l'augmentation des tarifs et des délais de livraison, il ne faut pas négliger les impacts de la vie familiale sur nos affaires. La rentrée est toujours infernale!

C'est la vie, me direz-vous… Il reste tout de même que le doute s'installe. Plusieurs entrepreneurs se demandent s'ils doivent se relever encore et encore, ou tout simplement baisser les bras.

L'accumulation des déceptions et des coups de deux-par-quatre draine l'énergie des entrepreneurs comme un vampire. Et ça nourrit l'usure…

Oui, mais, on fait quoi maintenant?

<u>Chaque cas est unique. Mais voici quelques pistes de réflexion :</u>

1. Revenez sur votre mission, votre vision et vos valeurs. Rappelez-vous les raisons fondamentales pour lesquelles vous êtes en affaires et effectuez une mise à jour si nécessaire.

2. Questionnez-vous sur la pertinence de votre modèle

d'affaires. Plusieurs choses ont changé et continuent d'évoluer. Ce devrait être la même chose pour vous. Une entreprise est un système dynamique, en mouvement. Ce n'est pas parce que vous faites quelque chose d'une certaine manière depuis 20 ans que c'est toujours d'actualité.

3. Misez uniquement sur vos zones d'excellence, celles pour lesquelles vos clients perçoivent votre valeur ajoutée. Évitez de vous éparpiller à vouloir tout offrir en même temps.

4. Cherchez à réduire ou à actualiser votre structure. Réorganisez le travail de votre équipe et explorez les alternatives (pigistes, sous-traitance, partenariats, etc.).

5. Entourez-vous de gens de confiance avec qui vous pouvez partager vos états d'âme et ventiler ce que vous vivez. Que ce soit avec un conseiller de confiance, un groupe d'entrepreneurs ou encore un mentor. Ne gardez pas ça uniquement pour vous.

6. Inspirez-vous d'histoires de résilience d'autres entrepreneurs. Ce n'est pas pour rien que j'ai rédigé le livre MARQUÉS AU FER ROUGE...

Vous devriez toujours chercher à être en mouvement, autant pour vous sur le plan personnel que pour votre entreprise. Sinon, c'est le début de la fin. Parce que si vous ne carburez plus à la motivation, votre chiffre d'affaires piquera du nez tranquillement, mais sûrement...

Il y a plusieurs années, un de mes mentors m'avait mentionné que 80 % de son chiffre d'affaires provenait toujours d'un noyau de nouveaux produits (ou services) qu'il n'offrait pas deux ans plus tôt. Cet homme d'affaires provoquait l'évolution de ses affaires. Je vous suggère d'y réfléchir puisque vous avez toujours le choix : provoquer le changement ou le subir.

Comme le disait Winston Churchill, « Mieux vaut prendre le

changement par la main avant qu'il ne nous prenne par la gorge. »

C'est le moment idéal pour effectuer des changements profonds dans votre façon de faire de la *business*.

Avez-vous besoin d'aide pour y voir plus clair?

# L'ART DU VAGABONDAGE

Chaque année, je commence toujours mon retour de vacances estivales de la même façon : en vagabondant.

N'allez pas croire que je m'habille en haillons pour traverser le pays avec mon baluchon.

Cependant...

Ayant complètement décroché du travail et des affaires pendant deux semaines, je m'organise pour ne rien planifier à mon agenda lors de la semaine de mon retour au travail.

Pourquoi?

Premièrement, pour effectuer le bilan de ma dernière année (résultats en fonction des objectifs, finances, projets, nouveautés, apprentissages...) et pour valider certains éléments du momentum de mes affaires en cours.

Deuxièmement, pour effectuer une réflexion stratégique en bonne et due forme. Je commence celle-ci par la not to do list qui consiste à éliminer plusieurs aspects de nos comportements et projets en cours (lire mon livre Deux-par-Quatre pour plus d'informations à ce sujet). Ensuite, j'évalue les différentes possibilités qui s'offrent à moi en fonction de ma vision et de mes aspirations pour finalement décider quelles seront mes priorités et celles de mes entreprises, et je transforme cette réflexion en plan d'action.

Troisièmement, je partage ce plan avec mon mentor et au moins un conseiller de confiance afin de me faire challenger et d'effectuer certains ajustements pour l'améliorer.

Généralement, ce processus prend entre deux et trois jours pour une entreprise de moins de vingt employés.

Au lieu de respecter rigoureusement mon propre processus de réflexion stratégique, j'ai voulu me donner plus de temps cette année pour laisser vagabonder mon esprit.

J'ai donc délibérément pris dix jours afin d'explorer et de tester plusieurs possibilités, autant pour mes entreprises que pour mon rôle d'entrepreneur-conseil.

- Et si... je publiais un autre livre?
- Et si... j'offrais un nouveau séminaire après celui de cet automne?
- Et si... je recommençais à faire des conférences?
- Et si... mon nouveau site web était en anglais?
- Et si... nous offrions de nouveaux services avec la CAE?
- Et si... nous traversions l'océan cette année?
- Et si... nous étions plus visibles et moins effacés dans nos communications?
- Et si... nous changions notre modèle d'affaires pour être encore plus proches de nos clients?
- Et si... nous engagions un coordonnateur?
- Et si... je siégeais de nouveau à un CA après 4 ans d'absence?
- Et si... nous avions un partenariat avec XYZ?
- Et si... j'investissais dans une autre entreprise cette année?
- Et si...

Après avoir exploré plusieurs possibilités de projets et de partenariats (lire « butiné de l'un à l'autre »), j'en ai éliminé quelques-uns que je considérais comme étant moins porteurs et j'ai consciemment choisi ceux qui seront prioritaires pour la prochaine année.

Il est donc « urgent de prendre son temps », car l'avenir de votre entreprise est en jeu. Le meilleur moment pour le faire est selon moi à votre retour de vacances (estivales ou du temps des fêtes), car vous êtes frais et dispo. L'idée est donc de vous assurer que vos actions seront en cohérence avec vos aspirations d'affaires.

C'est correct et nécessaire de prendre le temps de réfléchir sur sa business. Point.

Ce n'est pas du temps perdu. C'est sans aucun doute le meilleur investissement que vous puissiez faire pour avoir plus de succès.

Ensuite, fini le vagabondage. Il faut passer à l'action en fonction des priorités identifiées.

Laissez-vous vagabonder votre esprit avant de recommencer officiellement vos opérations et vos rencontres d'affaires?

# LES PAROLES TATOUÉES

On sous-estime souvent le pouvoir des mots.

L'impact d'une phrase, d'un propos, d'une conversation, d'une citation... qui résonne en nous, qui provoque une prise de conscience, qui s'incruste dans notre tête, que l'on intègre pour en faire finalement un mantra.

Un mantra, c'est une formule clé qui oriente nos pensées, nos propres propos et surtout, nos actions.

Plusieurs phrases clés, tatouées dans ma mémoire, sont ressorties des discussions que j'ai eues avec des personnes importantes dans ma carrière et ont nourri mes propres propos.

<u>À titre d'exemple :</u>

- Jevto Dedijer et Michel Nadeau, deux stratèges de marque, m'ont déjà lancé dans une discussion qu'il y avait "L'urgence de prendre son temps." Je le répète souvent aux entrepreneurs qui veulent aller trop vite sans réfléchir aux impacts de leurs actions.

- Charles René Lambert, un de mes anciens mentors, m'a déjà mentionné l'importance de "Comprendre les différences des autres, sans indifférence". Bref, d'essayer de taire son ego pour comprendre réellement les gens avec qui l'on interagit sans tomber dans le jugement. C'est la vraie compréhension de l'autre.

- Il y a plusieurs années, j'avais aussi écouté une entrevue du Dragon Robert Herjavec qui mentionnait que l'argent ne doit pas être le facteur motivationnel principal en affaires, mais que "L'argent est le résultat des bonnes affaires."

- En 2018, mon mentor Alain Aubut m'a dit que j'avais trop de pièces dans mon casse-tête. Même si je tentais de tout faire fitter, ça ne fonctionnait pas bien. L'analogie a mijoté quelques jours dans ma tête, avant que je fasse beaucoup de ménage dans mes implications entrepreneuriales, dont ma participation dans certaines entreprises.

- Portez-vous attention à ce que l'on vous dit?
- Prenez-vous le temps d'assimiler et de réfléchir sur les propos qui vous marquent?
- Tirez-vous des leçons de ce que vous lisez ou écoutez?
- Tentez-vous de les intégrer dans votre philosophie d'affaires ou les consommez-vous comme du fast food?

J'aime également m'inspirer de citations de personnages célèbres qui ont synthétisé en phrase clé des vérités d'affaires que l'on doit intégrer.

Quelles sont les paroles tatouées dans votre esprit?

# REMERCIEMENTS

J'aimerrais remercier ma femme Audrey et mes enfants, Zachary et Zoé, pour leur patience à mon égard. Lorsque je dis que je vais finir de travailler à 17h, c'est rarement le cas en raison d'un imprévu...

Un remerciement à Mariam Jacob qui corrige presque tous mes textes depuis 2015 et David Couturier, mon précieux collaborateur et conseiller en relations publiques. David me permet toujours d'élever mon jeu d'un cran autant dans mes textes que de mes interventions publiques.

Finalement, merci à tous mes clients et lecteurs qui passent à l'action en fonction des conseils que je leur prodigue.

Bon succès.

# À PROPOS DE L'AUTEUR

Alexandre Vézina est entrepreneur-conseil.

Depuis 2007, il accompagne vers le succès plusieurs entrepreneurs du Québec, en abordant avec eux des questions sur la gestion, mais aussi sur les défis rencontrés par les entreprises en croissance.

Ayant développé plusieurs entreprises et contribué à l'émergence de nombreuses organisations par le biais de divers partenariats actifs, il cumule et entretiens une expérience concrète du milieu entrepreneurial. Avide de découvertes et constamment à l'affût des tendances mondiales en management, il s'applique, par des moyens très concrets, à transmettre ces découvertes aux entrepreneurs qu'il accompagne afin qu'ils puissent à leur tour appliquer chez eux des modèles d'affaires novateurs, des concepts éprouvés et des astuces parfois inusitées.

Pour conseiller ses clients, il utilise des méthodes originales et variées qu'il adapte à leur entreprise. Deux caractéristiques importantes demeurent des incontournables dans son approche : le côté pratico-pratique et la franchise. Il outille ses clients dans leur croissance en leur donnant l'heure juste.

Écrite et publiée entre 2015 et 2018, la trilogie *Enfin les vraies affaires* regorge d'idées concrètes, de questions terre-à-terre et de notions à découvrir pour le développement d'entreprises de moins de cinq employés.

Ses trois livres suivants sont quant à eux des plaidoyers en faveur d'une plus grande transparence de la part des entrepreneurs à la tête d'entreprises de cinq à vingt employés, lorsqu'ils font leur examen de conscience. Cette trilogie met en lumière des situations réelles, souvent sous forme d'échanges entre les entrepreneurs rencontrés et moi, qu'elle présente avec un souci d'honnêteté sans filtre rose visant à faire réfléchir au regard que les gestionnaires posent sur leur entreprise et leurs comportements – *Deux-par-Quatre* (décembre 2018), *C'est de TA faute* (novembre 2019) et *Évolution* (juillet 2020).

Finalement, dans son plus récent livre paru en 2021, MARQUÉS AU FER ROUGE, il donne la parole à 20 dirigeants du Québec qui partagent avec nous sans filtre et en toute humilité un moment charnière de leur parcours.

Pour en apprendre davantage sur les services, formations, conférences, livres et implications entrepreneuriales d'Alexandre Vézina, visitez le www.alexandrevezina.com

www.ingramcontent.com/pod-product-compliance
Lightning Source LLC
LaVergne TN
LVHW050919200726
843508LV00011B/2232